隧道智能运维与管养

隧道全寿命周期监测预警技术与系统平台应用

段军　李科　杨志华　郭鸿雁　金飞　编著

王宾　主审

西南交通大学出版社

·成　都·

内容简介

隧道结构监测和预警对保障隧道运维安全至关重要，本书是作者团队在隧道全寿命期结构安全方面的研究与应用成果。全书共 8 章，分别从隧道结构监测技术、通信传输技术、结构安全评价方法、系统平台构建等方面，详细介绍了隧道全寿命期结构监测预警技术的新成果，最后给出了在隧道工程中的应用案例。本书可作为相关研究与工程技术人员的参考书。

图书在版编目（CIP）数据

隧道全寿命周期监测预警技术与系统平台应用 / 段军等编著. —成都：西南交通大学出版社，2020.4

（隧道智能运维与管养）

ISBN 978-7-5643-7415-0

Ⅰ. ①隧… Ⅱ. ①段… Ⅲ. ①公路隧道－安全管理 Ⅳ. ①U459.2

中国版本图书馆 CIP 数据核字（2020）第 064648 号

Suidao Quanshouming Zhouqi Jiance Yujing Jishu yu Xitong Pingtai Yingyong

隧道全寿命周期监测预警技术与系统平台应用

段 军 李 科 杨志华 郭鸿雁 金 飞 编著

责任编辑	李 伟
助理编辑	韩洪黎
封面设计	原谋书装
出版发行	西南交通大学出版社 （四川省成都市金牛区二环路北一段 111 号 西南交通大学创新大厦 21 楼）
发行部电话	028-87600564 028-87600533
邮政编码	610031
网 址	http://www.xnjdcbs.com
印 刷	四川煤田地质制图印刷厂
成品尺寸	170 mm × 230 mm
印 张	11
字 数	191 千
版 次	2020 年 4 月第 1 版
印 次	2020 年 4 月第 1 次
书 号	ISBN 978-7-5643-7415-0
定 价	80.00 元

图书如有印装质量问题 本社负责退换

>>>>【编委会】

前言

隧道是一类重要的交通基础设施，在缩短交通出行距离和时间、改善交通通行条件方面意义重大。随着我国经济的快速发展，处于服役期的隧道数量急剧攀升。截至 2018 年底，我国已建成公路隧道 17 738 处、1 723.61 万米，其中特长隧道 1 058 处、470.66 万米，长隧道 4 315 处、742.18 万米。

在隧道建成量快速增加的同时，隧道结构由于地质环境等多种原因产生的病害现象日益显现，既有隧道结构受周边建设影响出现变形破损等问题时有发生。这些病害与损坏，对隧道通行安全是极大的威胁，将降低隧道的交通通行能力，破坏隧道运营的环境条件，甚至造成人员伤亡。对隧道结构进行安全监测预警，是避免灾害事故发生、保障隧道交通作用的一种重要手段与方法。

我国隧道结构的监测工作起步相对较晚，但发展较快。隧道的监测可充分利用其他基础设施监测已成功应用的硬件装备与方法，在研究完善隧道结构安全评价方法的基础上，形成完备的全寿命期隧道结构安全监测预警体系。

本书依托国家重点研发计划项目“城市典型交通基础设施运维安全关键技术研究”（2017YFC0806000）、云南省交通运输厅科技项目“隧道施工运营期结构安全监测与智能预警关键技术研究”的研究成果，结合云南保施高速隧道工程监测研究的应用实践，对隧道工程全寿命期监测体系进行了构建。

全书共分为 8 章。第 1 章介绍了隧道监测预警的需求背景；第 2 章介绍了隧道自动化智能监测技术现状；第 3 章介绍了隧道全寿命周期结构安全监测方法；第 4 章介绍了隧道环境下的无线通信技术；第 5 章介绍了隧道监测数据的处理方法；第 6 章介绍了隧道结构安全评价方法与标准；第 7 章介绍了隧道监测预警平台，并介绍了该预警平台的工程应用案例；第 8 章对隧道监测预警进行了总结与展望。

本书汇集了招商局重庆交通科研设计院有限公司、云南建设基础设施投资股份有限公司、施甸县保施高速公路投资开发有限公司在隧道结构监测预警方面的研究与应用成果，公路隧道建设技术国家工程实验室多名研究人员参与了编写。

限于作者水平，书中难免有不足之处，敬请读者不吝指正。

作　者

2020 年 3 月

目录

【第1章】>>>>

绪　论

随着社会经济的持续发展和人们对生活质量要求的不断提高，中国的交通运输及工程建设规模与数量在总体上呈现出不断增长的趋势。隧道作为交通运输线路上的工程结构物，具有重大的社会效益和经济效益。隧道在山岭地区可克服地形或高程障碍，改善线形，缩短里程，节省时间，减少对植被的破坏；在城市可减少地面用地，对疏导交通起到积极的作用；在江河、海峡和港湾等地区，可不影响水路通航，提高舒适性，增加隐蔽性且不受气候影响。由此可见，隧道建设对交通的发展起着积极的促进作用。

近年来，我国的隧道呈现出了非常明显的增长趋势，具体表现为总里程数不断增加，特长和长大隧道以及大规模隧道群不断涌现，以隧道方式跨越水域的工程日益增加。1979 年，我国公路隧道通车里程仅为 52 千米，共 374 座；2000 年，我国隧道通车里程已达 628 千米，共 1 684 座，隧道平均长度达到 373 米，公路隧道通车里程比 1979 年增长了 12 倍多；到 2017 年年底，全国公路隧道达 16 229 处、通车里程 15 285.1 千米，其中特长隧道 902 处、通车里程 8 267.2 千米，长隧道 3 841 处、通车里程 6 599.3 千米。我国最大公路隧道长度由 20 世纪 90 年代初的单洞 3 千米左右，发展到现在超过 10 千米，甚至 20 千米；隧道形式从过去的两车道隧道到今天的三车道隧道、四车道隧道；隧道的布置方式由过去的分离式双洞隧道到今天的连拱隧道、小净距隧道、分岔隧道，还有“地下立交”“桥隧混合”等布置形式。此外，公路隧道的改扩建工程也在逐年增加。近 30 年来，一大批重大科研项目和重大公路隧道工程的完成，表明我国公路隧道建设与运营管理技术水平已经取得了很大发展，设计施工技术已处于国际先进水平。

随着大量隧道的投入运营，隧道内交通量也逐年上升，上到国家层面，下到隧道的运营管理单位，在役隧道的运行状态和运营安全成为道路交通行业发展的焦点。目前，桥梁等其他地上结构的运行状态监测已日趋成熟，隧道与地下工程的运行状态监测仍在发展当中，由于隧道与地下工程的特殊性，在役隧道运行状态监测领域还有大量的问题未得到有效解决。

对于隧道运行状态监测来说，获得稳定可靠的原始数据是健康监测的核心与基础。目前，在隧道与地下工程监测中缺乏专有设备，照搬或引用其他行业的技术与设备产生的问题较为突出。因此，研究针对隧道全寿命周期结构安全保障的快速、准确、实时的监测技术与装备，形成成熟有效的公路隧道全寿命周期结构安全监测成套技术及系统，填补或完善隧道与地下工程在该方向的缺失或不足，具有一定的现实意义，也有利于推动相关行业技术的不断进步。

【 第 2 章 】>>>>

隧道自动化智能监测技术现状

2.1 隧道结构安全实时监测技术现状

从20世纪中叶开始，隧道实时在线监测的重要性越来越受到人们的关注，但由于其检测、监控技术相对落后，一直制约着现场施工的应用，从而使该技术难以得到推广和重视。直到近些年来，实时监测技术才得到专家的极大关注，监测技术得以快速发展。实时监控技术的概念，不仅在相关智能材料与结构国际研讨会上被提出，还成为一项专门的研究课题。在1996年国际结构控制工作会议上，专家学者在欧洲、亚洲和美国分别成立了实时监控专项任务小组，专门研究实时监测问题。从1997年开始，关于实时监测的国际专题研讨会，每隔一年都会在美国的斯坦福大学举行。2002年7月，第一届欧洲SHM（结构健康监测）国际专题研讨会在巴黎举行，会议集中讨论和总结了国际SHM领域的研究成果，并提出了有待进一步研究和解决的问题，此举极大地推动了监测技术的发展。公路隧道修筑与维护技术发达的国家，这项研究开展得比较早，并且这些国家的高速公路建设管理部门十分重视隧道安全性监控的研究工作。另外，许多国家的各级建设管理部门根据本国的地区特点，在大量隧道施工监控应用研究的基础上，投入了相当大的财力、物力，特别是对重大隧道工程设立了长期安全性监控系统，制定监控制度，并建立了严格的监控项目实施章程。

随着20世纪后期中国经济的腾飞，交通基础设施建设进入了一个前所未有的高速发展时期，大量的隧道逐步建成。但是无论在建设阶段还是运营阶段，这些隧道都可能会出现一些意想不到的异常现象。为减少或避免出现隧道病害多、维修难度大的情况，设计师要求从设计理念出发，在隧道施工和运营期间，对隧道结构的安全性进行实时监测。

我国从1950年开始，先后在国家高技术研究发展计划（863计划）和攀登计划等重大项目中，投入了相当大的资金，用于扶植大型基础、结构健康自动诊断的研究，并且随后取得了一定的科研成果。实时监测系统的费用较高，我国目前主要在一些重点建设的大跨度桥梁工程中使用。例如上海徐浦大桥结构监测系统，该系统包括测量环境温度、桥梁应变、桥梁挠度、主梁震动、斜拉索震动和车辆荷载六个监测子系统；香港的青马大桥健康监测系统使用了近千个传感器来监测桥梁的损伤；江阴长江大桥也效仿青马大桥，安装了结构健康监测系统；在广州国际会议展览中心大跨度张弦梁中，赵新宇、舒宣武等人将结构预警系统作为实时监测系统的一个重要子系统，并且在该项目上实施应用。相对而言，隧道结构的安全性实时监测技术的发展，明显落后于桥梁建设的监测技术发展。一方面是由于科研人员和社会对隧道结构健康监测的关注度不高，另一方面是由于隧道结构的复杂性比较高和设备安装的难度比较大。随着监测技术的发展，监测数据的处理和应用不仅是发挥隧道监控最为关键的环节，更是技术含量比较高的一个环节。

归纳国内外隧道实时监测技术的发展现状，主要有以下几个方面：

（1）应力应变类传感器比较成熟，主要有振弦式、电阻式、光纤光栅式等。

（2）表观病害类监测传感器比较少，目前主要有裂缝计，通过点式监测裂缝宽度，但无法获得长度和密集度等参数。渗漏水监测方面主要有定位漏水检测绳，但只能对渗水部位进行定位，无法获取渗漏水病害参数。

（3）结构位移监测方面，主要有静力水准仪（布设安装困难）、测量机器人（成本较高）和激光测距仪（布设安装困难）等监测设备。

综上所述，目前的传感器能够监测的指标形式比较单一，多指标监测时，监测系统繁杂。基于图像分析的监测具有一定的先天优势，通过简单的图像分析，可以同时获取表观病害和结构位移等多个参数，并发现新病害。目前，隧道表观病害监测装备V1.0已研发完成，尚有待优化，同时，基于图像的位移监测在土木工程试验和室外结构物监测方面发展已经比较成熟。

2.2 基于机器视觉的病害监测技术现状

随着信息处理技术和传感器技术的进步，针对隧道结构各种病害损伤情况的评价问题，有条件开发使用各种检测仪器。目前，对于隧道衬砌结构图像采集，多采用稳定性强、拍摄速度快、拍摄精度高的工业相机。多台工业相机组成相机阵列，连续快速非接触拍摄整个隧道断面。但是这将会产生较大的数据量，这就要求系统可以通过图像处理自动准确识别病害的位置。

里斯本技术大学 H. OLIVEIRA 等提出一种基于图像动态阈值选择及非重叠的裂缝分块图像熵的裂缝检测分类方法，该方法能够在一定程度上对水平裂缝路面、竖直裂缝路面、杂乱裂缝路面以及完好路面进行正确分类，表明非重叠分块图像熵可以作为公路裂缝图像的裂缝特征来进行使用。

同济大学刘学增等以隧道衬砌渗漏水面积为检测目标，提出了一种包括去噪、锐化、分割、修正的一整套数字图像处理算法。

同济大学黄宏伟等针对渗漏水的红外图像特征，利用 MATLAB 编写的程序提取热图像中的渗漏水面积等信息，为隧道渗漏水车载动态检测软件系统的开发奠定基础。

同济大学王平让等提出了一种基于图像局部网格特征的隧道衬砌裂缝自动识别方法。

北京交通大学王耀东等提出了一种全局与局部相结合的预处理算法，以及基于连通区域的多级滤波算法，能较好地实现地铁隧道表面裂缝的检测。

北京交通大学朱力强等利用 Mask 匀光等预处理算法改善了隧道图像的质量，而后基于模板 Hough 变换、SVM（支持同量机）等分析方法对隧道表面裂缝图像各成分进行提取分析，提升了裂缝图像识别的准确度。

2010 年 8 月，日本勘测检验公司开发了 MIMM 公路隧道检测车，由 MIS（移动成像技术系统）和 MMS（移动地图系统）两部分组成。其中，MIS 部分由 CCD 摄像机和 LED 照明设备组成，可以识别 0.2 mm 以上的渗水和裂缝。在普通公路隧道中，其探测速度可达 50 km/h，在高速公路隧道中，其探测速度可达 80 km/h。MMS 部分配备了激光扫描仪、数码相机编码器和 GPS。MIMM 可进行图像拼接，获得 3D 图像，绘制隧道病害扩展图。

2013 年，西班牙的 Euroconsult 公司开发了隧道检查设备 Tunnelings。它能以 30 km/h 的速度探测公路隧道，检测精度为 1 mm，并且可以在所有类型的照明条件下运行，且提供高品质的数据。此外，Tunnelings 使用高速相机、自定义光学和激光线投影机，以获取 2D 图像和高分辨率 3D 剖面来检查隧道。目前，该装置已成功地在西班牙和日本的部分地区运用。

瑞士 Terra 研制的裂缝检测设备 tCrack 可用于城市轨道交通隧道裂缝检测，可检测宽度 0.3 mm 以上的裂缝，检测速度大约为 2.5 km/h。它可以记录每一个裂缝的三维坐标，tCrack 产生的文件可为裂缝检查、养护工作的规划执行和记录提供依据。

2017 年，同济大学的黄宏伟研制出了隧道检测系统 MTI-100，这台机器最快的检测速度为 8.4 km/h，识别精度为 0.3 mm，但该系统需要一定的人工辅助来进行裂缝的检测。

2.3 隧道变形监测技术研究现状

隧道工程一般规模较大，工程条件复杂，要准确、快速、长距离、实时和大范围获得隧道围岩的变形数据和变化规律并非易事，随着计算机和物联网技术的不断发展，一些变形自动实时监测技术不断出现，带来了一定程度的技术革新。

1. 多传感器集成的隧道变形监测技术

刘洪震提出了适用于城市交通繁忙、不易立尺地段的地表沉降观测新方法。该方法利用全站仪固定测站三角高程测量精度公式、三角高程测量，可满足二等水准测量要求，并根据大量的实测数据以及全站仪三角高程法与 NA2 水准仪法结果对比分析，得出采用全站仪固定测站的方法。该方法可满足城市交通繁忙地段市政道路的地表沉降观测，值得借鉴和推广。

贵慧宏从多传感器变形监测集成系统使用客户的总体业务流程和系统功能需求出发，设计了具备允许多种传感器和 GPS 接入、多源测量数据集成管理、变形量实时综合解算和自动预测报警等特点的系统架构；研究集成了多种传感器或测量系统构建 MSDMIS 的方式；针对变形监测成果的单一化和时序性，选择时间序列分析方法预测变形量。

李伟、孙立光在杭州地铁 1 号线某盾构隧道沿线选取了 3 幢建筑物进行静力水准监测，总结分析了建筑物变形在时间和空间上的分布规律。

戴加东、褚伟洪通过工程测量中的应用实例，充分体现了静力水准自动化监测系统的优越性，证明液体静力水准测量是一种精密的水准测量方法，对高差的观测精度可达到 20 μm，甚至更高。可以预见，集成多种新型倾斜传感器、数字静力水准传感器和 GPS 位置传感器等新型传感器的地表变形监测技术是未来的发展方向。

2. 测量机器人隧道变形自动监测技术

21 世纪初，解放军测绘学院包欢、徐忠阳、张良琚开发了 TCA 自动化全站仪自动变形监测系统。实际应用表明，该系统稳定可靠，可以胜任地铁结构变形监测的工作。

杨松林、刘维宁、王梦恕等用自动全站仪结合计算机组成隧道围岩变形量测及分析系统，提出全站仪双站自由设站三维坐标非接触量测、单站独立坐标测线、双站独立坐标测线等围岩变形量测的理论和方法，并建立相应的数学平差模型，使围岩变形非接触监测具有更好的可靠性和精度。同时，以全站仪机载软件为基础设计和开发了数据处理软件，在机载软件控制下，无须进行对中和量仪高，全站仪可自动完成对目标点的监测，由计算机进行所有数据处理、回归分析和预报，及时为隧道施工提供信息反馈。

刘永中利用测量机器人具有高智能、高精度、方便编程的特点，通过对测量机器人自动化变形监测的研究与应用，实现了地铁隧道在狭长空间的自动监测，解决了实时监测的难题。

李鹏、徐顺明通过徕卡 ADMS 测量机器人对深圳地铁新建区间运营中 1 号线盾构隧道进行的自动化监测实例，验证了自动化监测在地铁测量中具有的应用价值与前景。

测量机器人隧道变形自动监测系统已经有很多的应用案例，虽然可以自动监测成批的目标点，但由于安装棱镜数目有限，且测量机器人价格昂贵，整个系统造价较高，应用于隧道施工过程的防干扰保护问题较难解决，无疑为其广泛应用带来了困难。

3. 三维激光扫描变形监测技术

三维激光扫描技术又被称为实景复制技术，是 20 世纪 90 年代中期开始出现的一项高新技术，是继 GPS 之后又一项测绘技术的新突破。托雷提出一种基于三维激光点云的隧道断面连续截取方法，该方法在数据拼接和断面截取方面均能达到工程应用的精度要求，能够快速准确地提取出隧道的形变信息。李万莉、曹�、周奇才等自行研制了隧道激光扫描监测车及拟合算法，并针对断面形变监测数据，结合开发的监测系统，提出一种断面监测数据融合的数学模型，将采集数据进行有效融合，能够比较准确地反映出隧道的变形情况，为运营隧道的形变监测提供直观可靠的数据。瑞士还采用动态测量方式把隧道激光扫描技术应用于隧道竣工验收测量，用于检测施工后的轨道状态能否满足施工及设计规范要求，同时检测车还可以对轨道进行动态检测。

三维激光变形监测技术突破了传统的单点测量方法，具有高效率、高精度的独特优势。三维激光扫描技术通过高速激光扫描测量的方法，大面积高分辨率地快速获取被测对象表面的三维坐标数据，可以快速、大量地采集空间点位信息，为快速建立物体的三维影像模型提供了一种全新的技术手段。

4. 分布式光纤变形监测技术

近年来，光纤传感技术在隧道工程的应用逐渐增多，施斌、徐学军等重点介绍了光纤结构监测（SOFO）、布拉格光纤光栅（FBG）和分布式光纤传感器（BOTDR）3 种光纤传感技术的基本原理、功能及其在隧道结构健康监测系统中的作用。研究成果表明，该技术应用在隧道安全监测和健康诊断中是十分可行的，也是十分有效的。丁勇等应用 BOTDR 分布式应变测量技术，对隧道拱圈截面变形进行了分布式应变监测。日本 NTT 公司开发了基于 BOTDR 的共同沟隧道监测系统，通过应变测量对日本名古屋的共同沟隧道进行损伤探测，10 km 范围内其变形测量误差仅为 0.1 mm，并通过室内试验对共同沟隧道监测系统的可靠性、抗震性和测量精度进行了验证。张帅军、李云以广州地铁 5 号线小北站工程为例，介绍了光纤传感技术的基本原理及光纤传感监测系统的组成，阐述其在城市地铁工程监测的应用方法和监测成果，通过对温度、混凝土应变规律、钢筋应变计的监测结果分析，表明光纤传感器耐腐蚀，反应灵敏且数据稳定，能够细微地反映出各种变化，在地下工程监测中具有广阔的应用前景。分布式光纤传感监测技术的优点，可以弥补目前在隧道工程中常用的检测和监测技术存在的不足，是新一代检测和监测技术的发展方向。

5. 基于影像的测量方法

摄影测量很早就应用于隧道变形监测。吴世棋、孔健等在 20 世纪 90 年代初期用近景摄影测量方法对某长大隧道进行了为期 2 年、6 个周期的变形监测。曾卓乔、马莉等还研制了一套观测隧道变形的数字化近景摄影测量系统。系统采用一个手持式普通相机，在设有多个标志点（20~30 个点）的观测断面上，摄取 4 张以上照片，扫描为二进制图像文件并由计算机进行像点量测。进入 21 世纪，刘大刚、王明年研究认为，数码摄像技术作为一种方便、快速、可靠的高科技技术，在隧道的测量中有着极大的发展潜力。田胜利、葛修润等提出一种基于数字化近景摄影测量技术的非接触测量方法，该方法使用非量测数码相机，不需在现场布设像控点，完全自由设站，可获得大量监测点在同一时刻变形的整体信息。

虽然摄影测量应用于隧道变形监测的研究已经持续一段时期，并且也产生了一批富有创新的成果，但距离先进并实用的基于影像的自动测量系统还有一段距离，仍需深入研究。

综上所述，测量机器人、三维激光扫描技术以及摄影测量技术的诞生，使得隧道变形监测的自动化、智能化成为可能，一些新技术和新设备在实际工程中得到了应用，但大部分是在运营隧道中使用，且受成本和施工干扰的限制，很难在隧道施工过程中大规模使用，也难以替代人工，因此该监测技术未来必将朝着低成本、低功耗、抗干扰能力强的方向发展。

【 第 3 章 】>>>>

隧道全寿命周期结构安全监测方法

3.1 主要监测内容与指标

根据隧道结构的受力特点，反映隧道结构安全的关键性指标主要包括结构应力状态、结构位移状态以及结构病害状态 3 类。其中部分指标属于检测评定指标，不随时间的变化而变化；而对于结构隧道结构安全监测，则需要通过长期观测的手段或动态变化的数据。结合目前的技术手段，对隧道工程能够做到长期监测的内容与指标如表 3-1 所示。

表 3-1 主要监测内容与指标

序号	监测项目	监测内容	监测指标
1	结构受力状态	二衬背水压力	水压力
2		初支与二衬接触压力	接触压力
3		二衬混凝土外侧应力	应变（应力）
4		二衬外层钢筋应力	
5		二衬内层钢筋应力	
6		二衬混凝土内侧应力	
7		二衬混凝土表面应变	
8	结构位移状态	结构净空断面	断面轮廓
9		结构拱顶沉降	变形
10		结构周边收敛	
11		结构错台变形	
12		路面底鼓变形	
13		路面不均匀沉降变形	

续表

序号	监测项目	监测内容	监测指标
14	结构病害状态	裂缝	形态、部位、长度、宽度、深度
15		渗漏水	状态、部位、面积、流量
16		起层、剥落	部位、面积
17		破损掉块	部位、面积、深度
18		路面积水	状态、部位、面积、深度

表 3-1 给出了隧道结构安全监测的通用内容与指标，实际操作过程中需要根据隧道的实际情况选取合适的监测内容与指标，具体的选取原则如下：

（1）根据隧道检测报告反映的病害状况，并根据现场踏勘选择监测段落和主要的监测项目。

（2）根据所选的监测段落，对结构安全性进行分析（必要时进行数值分析），根据稳定性分析结果选取合适的监测断面。

（3）根据实际调研、稳定性分析以及现有的成熟的监测技术与方法确定具体的监测内容与指标。

3.2 结构受力状态监测方法

应力测量是隧道结构试验的重要试验项目，通过应力测量可以了解结构的应力分布情况。当前的技术条件难以对结构实现应力的直接测量，通常对结构表面的应变量进行测量，再根据材料力学中的胡克定律 $\sigma = E\varepsilon$ 转换成应力值，即将隧道结构的应力测量转换成了对隧道结构应变的测量。应变测量的方法很多，各种方法具有不同的特点，本节对应变电测技术、光纤应变测试技术、振弦式应变测量技术、工具式表面应变传感器应变测试技术进行了详细归纳和总结，并对各类测试方法的优缺点进行了比较。

3.2.1 应变电测技术

应变电测技术是应变测量中使用最广泛的一种测试方法，它通过测量粘贴在结构表面应变片的阻值变化，并转换为电压或电流的变化，最后获得应变读数。其转换过程如图 3-1 所示。

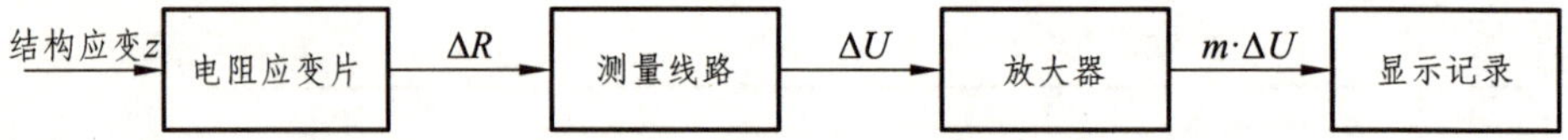

图 3-1　电阻应变片测试方法应变测试过程

在实际应用当中可以发现应变电测技术具有以下一些优点：

（1）灵敏度高、准确性好、测试速度快。

（2）应变片标距小、质量轻、便于粘贴，对原结构受力不产生影响。

（3）可远程测量、多点同时测量，测试数据自动记录。

（4）价格低廉，操作简单，易于掌握。

（5）适用范围广，在隧道试验中基本能满足测试要求。

（6）使用范围广，在常规应变电测的基础上产生了多种应变传感器。

应变电测量技术虽然具有很多优点，但同样也存在一些不足的地方。在应变片现场粘贴时需要对结构进行打磨、粘贴、焊线、封片，耗时长，且常常在高空作业，工作难度大，具有一定的危险性。在现场试验时，测试仪器对抗干扰能力要求高，同时环境的影响使得应变电测技术稳定性不够理想。另外，应变电测技术中使用的应变片是一次性器件，不能被重复利用。

1. 电阻应变片的工作原理

电阻应变片的工作原理是基于导体或半导体的电阻应变效应，即导体或半导体在受到外力作用时会发生变形，其阻值也会随着变形而发生变化的现象。如图 3-2 所示，取金属丝长度 L，横截面面积为 A，电阻率为 ρ，由物理学可知，金属丝的电阻值 R 为

$$R=\rho\frac{L}{A} \tag{3-1}$$

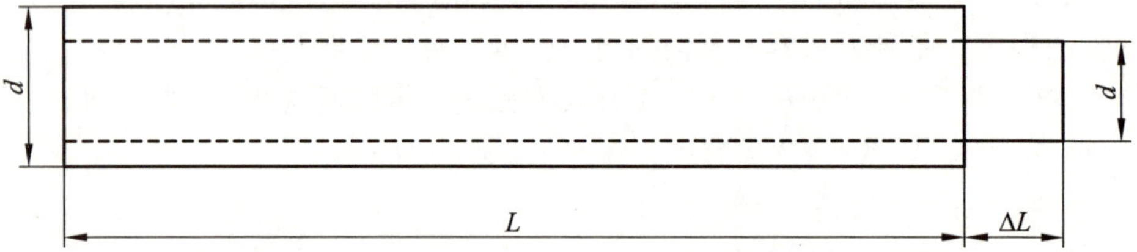

图 3-2　金属丝电阻应变原理

当金属丝受拉（压）作用时，其长度、横截面面积、阻值均会发生变化。由材料力学知识可知，当金属丝在一定范围内发生变形时，其长度和横截面面积的变化与阻值的变化存在一定的线性关系，则电阻变化率可表示为

$$\frac{\mathrm{d}R}{R}=\frac{\mathrm{d}L}{L}-\frac{\mathrm{d}A}{A}+\frac{\mathrm{d}\rho}{\rho} \tag{3-2}$$

由于 $\frac{\mathrm{d}L}{L}=\varepsilon$, $\frac{\mathrm{d}A}{A}=2\nu\varepsilon$, $\frac{\mathrm{d}\rho}{\rho}=c\frac{\mathrm{d}V}{V}=c(1-2\nu)\frac{\mathrm{d}L}{L}$，代入式（3-2），可得

$$\frac{\mathrm{d}R}{R}=[1+2\nu+c(1-2\nu)]\varepsilon \tag{3-3}$$

令 $1+2\nu+c(1-2\nu)=K$，则有

$$\frac{\mathrm{d}R}{R}=K\varepsilon \tag{3-4}$$

式中 V——电阻丝体积（m^3）；
c——由材料成分组成的常数；
ν——电阻丝材料的泊松比；
K——电阻丝灵敏系数。

由式（3-3）和式（3-4）可知电阻丝灵敏系数 K 与电阻丝材料系数 c 和泊松比 ν 有关，即受电阻丝发生单位应变时引起的电阻率的改变和电阻丝几何尺寸发生变化引起的改变影响。对于特定的某种金属丝，其单位应变引起的电阻率的改变和电阻丝的泊松比是固定值，所以电阻丝灵敏系数 K 在一定范围内为常量。金属电阻应变片的灵敏度系数一般为2.0~2.5，通常在出厂时通过抽样测试来确定，以抽样获得的平均值作为应变片的灵敏度系数。

2. 电阻应变片的构造和特性

（1）电阻应变片的构造。

虽然应变片的种类繁多，但其结构基本相同，主要包括敏感丝栅、基底、覆盖层、粘贴剂、引出线，如图3-3（a）所示。

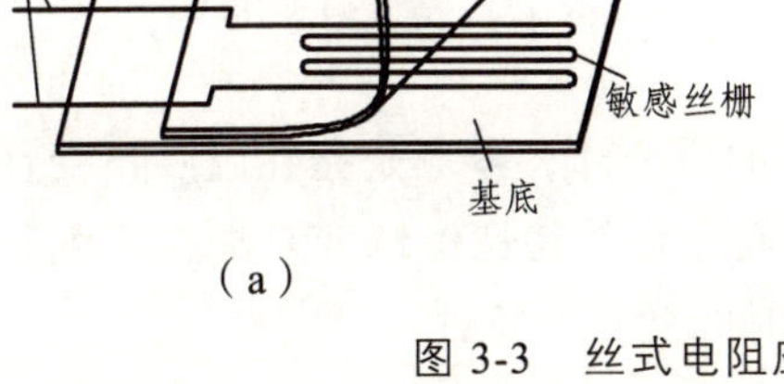

（a）

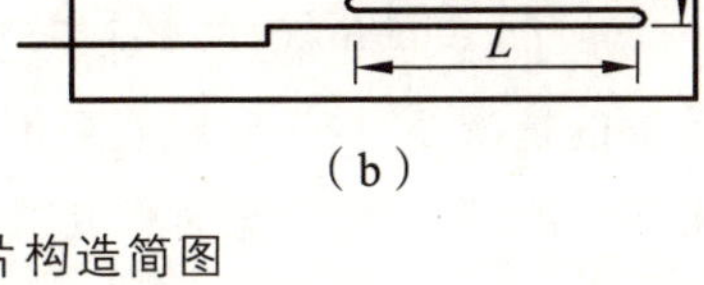

（b）

图3-3 丝式电阻应变片构造简图

① 敏感丝栅：应变片的核心部分，其作用是将应变变化转换为电阻值变化，一般是直径为 0.025 mm 左右的镍铬或康铜细丝制成，为了更好地使应变片感受结构的变形，电阻丝一般做成栅状。

② 基底和覆盖层：基底具有固定丝栅和引出线位置且使电阻丝与被测物绝缘的作用；覆盖层不仅具有保护电阻丝不被意外损伤的作用，还起着固定敏感丝栅和引出线的作用。

③ 粘贴剂：将敏感栅固定于基底上，同时将盖片与基底粘贴在一起。常用的粘贴剂分为有机和无机两大类，如酚醛树脂、有机硅树脂、聚丙烯酸酯等有机粘贴剂主要用于低温和常温应变片粘贴，磷酸盐、硅酸盐、硼酸盐等有机粘贴剂主要用于高温应变片粘贴。

④ 引出线：敏感丝栅引出来的金属线。

（2）电阻应变片的主要特性。

① 几何尺寸：如图 3-3（b）所示，标距 L 为电阻丝栅在纵轴方向的有效长度，使用面积为标距 L 乘以丝栅宽度 a。栅宽以小为好，以便减小应变片的尺寸，但过小不利于应变片的散热，因此应根据实际情况选择应变片的尺寸大小。

② 电阻值 R：应变片阻值一般为 120 Ω，为了提高灵敏度系数，常采用较高供桥电压和较小的工作流，则选用 350 Ω、500 Ω、1 000 Ω 阻值。

③ 灵敏度系数 K：由于应变片粘贴在结构上就不能取下来了，所以不能对每一个应变片进行标定，通常灵敏度系数是在应变片出厂时通过抽样测试取其平均值来确定，金属箔式应变片的 K 值一般为 2.0~2.5。

④ 横向效应：电阻应变片沿垂直于轴向的横向应变引起的阻值的变化的现象称为横向效应。横向效应越小，测试结果越准确。丝式应变片由于其具有较大的横向效应已经被淘汰，现在工程中使用较普遍的是箔式应变片。

⑤ 应变极限、疲劳寿命：应变极限是指在一定温度下应变片保持线性输出时所能测量的最大应变值。应变极限主要与敏感栅的材料、黏合剂及制作有关。对于已安装的应变片，在恒定极值荷载作用下不发生疲劳损坏的循环次数称为疲劳寿命。疲劳寿命反映了应变片对动态响应测试的适用性。

⑥ 机械滞后：试件加载和卸载时应变片 $\frac{\Delta R}{R}-\varepsilon$ 特性曲线是不重合的，往往卸载时的曲线高于加载时的曲线。

⑦ 时间零漂和蠕变：对于已粘贴的应变片，零漂是指在温度不变且构件无变形的情况下，应变片电阻值随时间变化的特性；蠕变是指在荷载和温度均无变化的情况下，应变片电阻值随时间变化的特性。

⑧ 绝缘电阻、最大工作电流：绝缘电阻是指已粘贴应变片的引线与被测构件间的电阻值；最大工作电流是指已安装应变片允许通过敏感丝栅而不影响其工作的最大电流。对于应变片，当电流越大时，其灵敏度越高，但电流过高也会使应变片发热，使应变片测试产生误差，甚至可能烧坏应变片。

⑨ 温度效应：环境温度变化引起应变片阻值的相对变化，称为温度效应。引起应变片温度效应的因素很多，主要包括两种：一种是敏感栅材料本身存在电阻温度系数，另一种是由于敏感栅材料和试件材料的膨胀系数不同而产生的拉伸或压缩。

⑩ 动态响应特性：机械应变波在材料中传播的速度和形式与声波相同，当被测应变的频率很高时，就需要考虑应变片对构件应变的动态响应。构件的应变传播到敏感栅时需先经过基底和胶层，往往会产生时间延后，应变片的动态特性就是应变片感受随时间变化的应变时的响应特性。

3. 电阻应变片的选用与粘贴

（1）电阻应变片的种类。

电阻应变片按敏感栅的材料不同，可以分为金属应变片和半导体应变片两大类。金属应变片敏感栅的形式有丝式、箔式、薄膜式等。丝式应变片是最早应用于工程中的应变片，但由于丝式应变片横向效应较大，测试结果存在误差，已经被淘汰。

目前使用最普遍的应变片是箔式应变片。箔式应变片的敏感栅是采用光刻技术制成的薄金属栅，厚度一般为 0.003~0.01 mm。这类应变片的特点是横向效应小、阻值及灵敏度系数稳定、几何形状和尺寸精密度高、易于制成小标距应变片。同时，由于敏感栅断面平而薄的截面，其表面积较大，便于粘贴和力的传递，零点漂移较小，且散热较好，允许通过较大电流，有利于提高灵敏度系数。

薄膜式应变片是采用真空镀膜技术，在薄的绝缘基片上蒸发金属电阻薄膜，再加上保护层制成。这类应变片：允许大电流通过，工作温度适应能力强（可在−197~317 °C 下工作），可在核辐射等环境中工作。

半导体应变片是利用半导体材料（硅和锗）的压阻效应制成的，它的灵敏度系数高，可不经放大直接测量输出信号，但因为半导体应变片存在温度系数大、数据稳定性差、非线性大等缺点，在工程实践中应用较少。

（2）电阻应变片的选用。

应变片的合理选择是荷载试验能否成功的关键因素之一，选用应变片时应考虑结构或构件所处的环境，如温度、材料特性、结构特点等因素。电阻应变片的合理选择需根据以下几个原则：

① 标距：根据被测构件材料性质的不同应选择不同标距的应变片，对于匀质材料，应选用小标距的应变片，如 3~5 mm 标距的应变片；对于非匀质材料，应选用大标距应变片，如混凝土结构；对于构件较小、应力梯度较大、应力集中的材料，应尽可能选用小标距应变片。

② 种类：隧道结构试验一般采用常温型箔式应变片。

③ 应变片电阻值：选用的应变片的阻值应与应变仪相一致，目前大部分应变仪按 120 Ω 设计，当使用非 120 Ω 电阻应变片时应根据说明进行修正。同一次测试中应变片阻值应相同。

④ 灵敏度系数：同一次试验中灵敏度系数应相同，同时应变片使用时应调整应变仪的灵敏度系数，使其与应变片灵敏度系数一致。

⑤ 应变片的选择应综合考虑环境条件、应变片量程、基底材料、稳定性、横向灵敏度系数、频响特性等因素。例如，在室内进行有机玻璃模型试验时，可以选择纸基应变片进行试验，纸基应变片能更好地散热，以提高测试结果的精度。

（3）电阻应变片的粘贴。

电阻应变片粘贴质量的优劣是影响电阻应变测量结果的主要原因。应变片的粘贴要求粘贴牢固、定位准确、焊接可靠、绝缘性好、防潮措施充足，应变片的粘贴流程如图 3-4 所示。

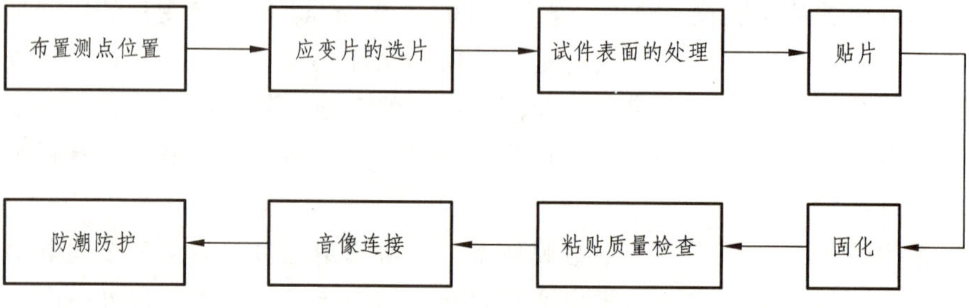

图 3-4 应变片粘贴流程

① 应变片的选片。

根据构件的材料性质和应力状况确定应变片的型号后，需对应变片进行检查，先对应变片进行外观检查，借助放大镜检查应变片是否存在气泡、锈斑，丝栅是否平整等，然后通过万用表检查应变片有无短路，且要求在同一测区的应变片阻值相差不超过 0.5 Ω。

② 试件表面的处理。

被测构件表面往往不平整，为了保证应变片与被测构件能够共同变形和测试数据的准确性，必须对构件表面进行处理。针对不同材料的构件应采取不同的处理措施。

对于钢筋表面的处理，若钢筋带肋需对测点位置进行打磨，打磨平整面积应尽量小，避免对钢筋有效承载面积造成损伤而对测试结果造成影响，然后用锉刀除去钢筋的一些细部不平整处，再用砂纸沿应变片粘贴方向成 45° 进行精细打磨，最后用脱脂棉或纱布蘸取无水酒精或丙酮对截面进行清理并画出测点的纵横中心线，若不及时粘贴应变片，应对打磨处涂抹凡士林，防止钢筋氧化。

当对混凝土构件进行测量时，对测点布置位置附近的混凝土用砂轮进行打磨，直到露出粗骨料为止。混凝土打磨方向与钢筋打磨方向相似，需与应变片粘贴方向成一定的斜交角，然后对打磨截面进行清理，再在应变片粘贴处平整地涂一层防潮层，防潮层可采用环氧树脂胶配合固化剂。

③ 贴片。

粘胶剂的选择是贴片成功与否的关键，目前市场上可用于粘贴的胶水种类很多，在实际工程中运用较普遍的是 502 胶水。502 胶水既可用于混凝土结构的粘贴，也可用于钢结构的粘贴，在常温下固化速度快，一般只需要 10 s 左右。在粘贴应变片时，先将 502 胶水涂抹在应变片上，然后让应变片的方位线与构件表面的画线重合，这时在应变片上覆盖一层透明薄膜（聚氟乙烯薄膜）并用手指在薄膜上方滚压挤出多余的胶水和气泡。对于应变片粘贴不牢固的部位，如应变片的两端，可以对其进行补充粘贴。

④ 应变片的固化和粘贴质量检查。

应变片粘贴好以后要等粘贴剂干燥后才能保证应变片粘贴强度和测试结果的准确性。应变片粘贴后在常温下自然干燥一般需要 15~24 h，为了缩短干燥时间，也可以在干燥几小时后用红外线灯进行烘烤，烘烤温度应尽量控制在 60 °C 以下。

在进行完粘贴工作后，还应对粘贴质量进行检查。检查的项目包括应变片粘贴的位置与画定的位置是否一致，应变片粘贴是否牢固，是否存在气泡，用万用表检查应变片是否短路，用低压变阻表测量引出线与被测构件间绝缘电阻是否达到 100 MΩ 以上。只有这些项目都达到要求后，应变片粘贴质量才能符合要求。

⑤ 引线连接和防潮处理。

应变片与应变仪之间通过导线连接，在工程试验中一般采用四芯屏蔽线作为连接导线。应变片引出线焊接前需要在引线下贴上胶带，防止引出线与被测物短路，同时在被测构件上粘贴上接线端子，然后将引出线焊接在接线端子上，最后将连接导线焊接在接线端子上。接线端子具有使引出线与导线连接牢固和防止外力拉扯对应变片造成损坏的作用。

在应变片粘贴检查合格后应及时对应变片进行防潮处理。对于应变片的短期防护，可以采用凡士林，长期防护可采用环氧树脂之类的胶水。现在最普遍的是用 703 硅胶、705 硅胶对应变片和接头进行防潮处理。

4. 应变仪的测试原理和温度补偿技术

应变片应变测量方法是根据结构和应变片共同变形引起应变片的电阻值发生变化，通过测量应变片电阻的变化来测量结构的应变。结构应变一般为 1×10^{-6}~1×10^{-3}，引起电阻变化很小，例如应变片阻值为 120 Ω，灵敏度系数为 2.0，则结构发生 1×10^{-5} 的应变时电阻增量为 $\Delta R = K\varepsilon R = 2.4\times10^{-3}$ 。这样微弱的电信号很难通过直接测量获得，必须依靠放大仪器将信号放大才能进行测量。应变仪是应变片专用的配套测试仪器，其测量电桥将微小的电阻变化转化为电压信号。应变仪的主要组成部分有扫描箱、测量电桥、放大器、数据采集和显示部分等。应变电测系统的组成如图 3-5 所示。

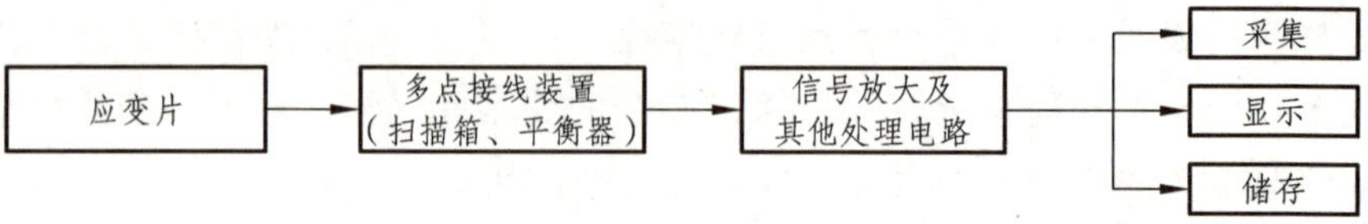

图 3-5 应变电测系统组成

（1）测量电桥。

测量电路又称为惠斯通电桥（见图 3-6），其作用是将应变片的阻值变化转化为电压或电流信号。惠斯通电桥由 4 个电阻 R_1、R_2、R_3、R_4 作为 4 个桥臂组成，电桥的 A、C 端为输入电压 U_{AC}，B、D 端为输出电压 U_{BD}。

当测量电路 4 个电阻满足

$$\frac{R_1}{R_2} = \frac{R_4}{R_3} \tag{3-5}$$

则 U_{BD} 为零，此时电桥处于平衡状态。若由于结构的应变引起应变片的阻值发生变化，则 U_{BD} 不为零。

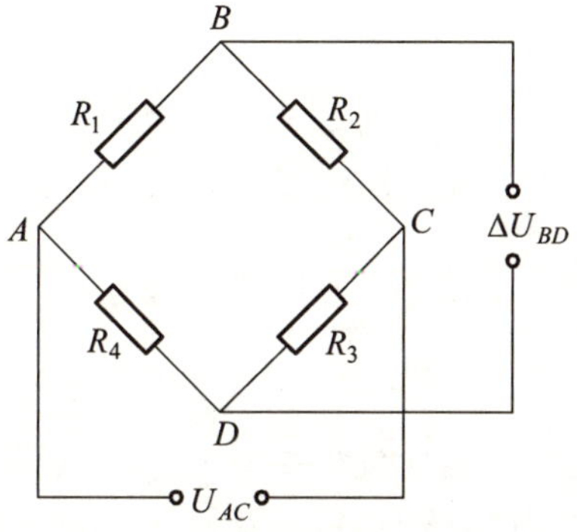

图 3-6　惠斯通电桥

（2）测量电桥输出特性。

当结构发生应变 ε 时，应变片的阻值发生变化，由电工学知识可知输出端电压增量 ΔU_{BD} 为

$$\Delta U_{BD} = \frac{U_{AC}}{4}\left(\frac{\Delta R_1}{R_1} - \frac{\Delta R_2}{R_2} + \frac{\Delta R_3}{R_3} - \frac{\Delta R_4}{R_4}\right) \tag{3-6}$$

将式（3-4）带入式（3-6）可得

$$\Delta U_{BD} = \frac{K \cdot U_{AC}}{4}(\varepsilon_1 - \varepsilon_2 + \varepsilon_3 - \varepsilon_4) \tag{3-7}$$

由式（3-7）可知测量电桥具有相邻两个桥臂符号相反，相对的两个桥臂符号相同的输出特性。

（3）桥路组合方式。

① 1/4 桥路组合方式。

在量测一点应变时，可将电阻 R_2、R_3、R_4 接为仪器内部的精密无感电阻，仅将 R_1 接入 AB 一个桥臂，此时电桥的输出电压为

$$\Delta U_{BD} = \frac{K \cdot U_{AC}}{4}\varepsilon_1 \tag{3-8}$$

② 半桥组合方式。

当量测一点应变时，将 R_3、R_4 接为仪器内部的精密无感电阻，仅将 R_1、R_2 接入 AB、BC 桥臂中，此时电桥的输出电压为

$$\Delta U_{BD} = \frac{K \cdot U_{AC}}{4}(\varepsilon_1 - \varepsilon_2) \tag{3-9}$$

③ 全桥组合方式。

当量测一点应变时，将 R_1、R_2、R_3、R_4 均接入桥臂中时，这种桥路组合称为全桥，接入全桥的 4 个应变片的规格应相同，此时电桥的输出电压为

$$\Delta U_{BD} = \frac{K \cdot U_{AC}}{4}(\varepsilon_1 - \varepsilon_2 + \varepsilon_3 - \varepsilon_4) \tag{3-10}$$

④ 温度补偿技术。

在荷载试验中，当测试温度发生变化时，将会引起应变片阻值的变化，造成测量结果有误差，同时被测结构与应变片膨胀系数不同也会造成温度误差，为了消除温度对试验结果的影响，有必要对其进行温度补偿。温度补偿的原理是利用电桥的输出特性，使 2 个或 4 个桥臂上的应变片由温度变化引起的电阻变化相互抵偿。

3.2.2 光纤应变测试技术

1970 年，低耗损光纤的成功研制，开启了光纤时代。光纤技术最早应用于光波通信，并得到了广泛的发展，目前光纤传感技术在航天、航空、医学等领域得到了较广泛的应用。20 世纪 90 年代，光纤传感技术在国外开始运用于土木工程领域，最初的光纤传感器被埋入混凝土结构中，用于对结构完整性的无损检测和内部应力状态分布的检测，目前光纤传感器已广泛应用于各类工程结构中。

光纤的全称叫光导纤维，其构造与同轴电缆类似，内部由一根或多根纤芯组成，纤芯外层为保护材料，如图 3-7 所示。光纤传感器的种类很多，但最适合运用于土木工程的传感器是光纤光栅传感器。

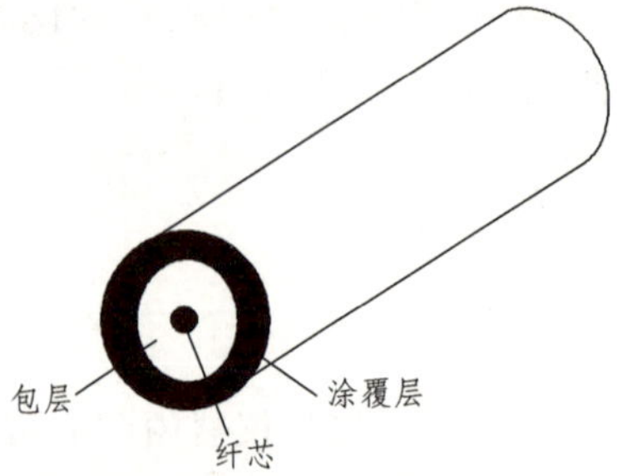

图 3-7　光纤构造

1. 光纤光栅传感原理

光纤光栅将布拉格光栅记录在光纤中的一般方法为全息法和相位掩膜法，被刻入布拉格光栅的光纤称为光纤布拉格光栅（FBG）。光纤布拉格光栅在土木工程领域中对结构的变形、位移、温度和加速度的测量具有较高的精度，因此光纤光栅在监测领域得到了广泛的应用。

掺石英光纤材料对紫外光十分敏感，利用这个特性，光纤光栅传感技术通过紫外写入技术对光纤内部写入的光栅反射或透射布拉格波长的检测，实现对被测结构的应变和温度的测量。光纤光栅的反射或透射波长光谱主要取决于光栅周长 Λ 和反向耦合模的有效折射率 n，任何外界物理量的改变都会引起布拉格波长的变化，其基本原理图如图 3-8 所示。

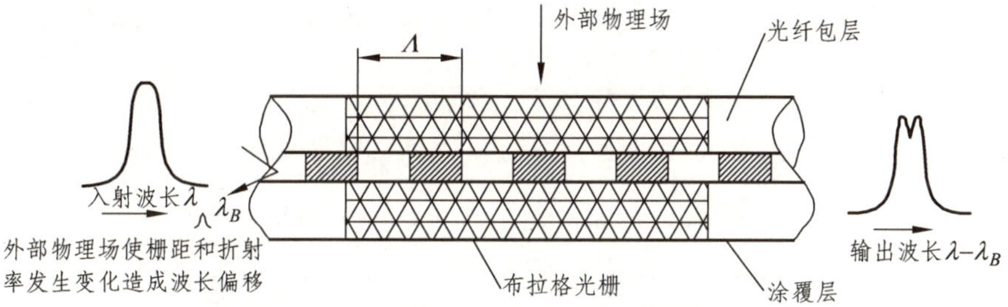

图 3-8　光纤布拉格光栅传感的基本原理

λ 射光通过布拉格光栅反射后的中心波长，可表达为

$$\lambda_B = 2n\Lambda \tag{3-11}$$

式中　n——光纤的折射率；

Λ——纤芯折射率的调制周期（μm）。

由式（3-11）可知，当光纤折射率 n 和光纤折射率的周期 Λ 发生变化时，都会引起布拉格光栅反射后的中心波长 λ_B 发生变化。对布拉格光栅造成影响的因素中最为直接的因素是应变，光栅在外力作用下发生拉伸（压缩）都会使光栅周期 Λ 发生变化，同时由于光纤本身具有弹光效应，其折射率 n 也会受外力影响发生变化。当光纤光栅受到应变时，由弹性效应和弹光效应可以得到布拉格波长的变化，可表示为

$$\Delta\lambda_B = \lambda_B(1-P_e)\varepsilon \tag{3-12}$$

式中　P_e——FBG 的弹光系数；

$\Delta\lambda_B$——应变引起的 FBG 的布拉格波长变化量（μm）；

ε——光栅在轴向的应变。

同样，温度变化也会引起布拉格光栅波长的漂移，可表示为

$$\Delta\lambda_{BT} = K_T \Delta T = \lambda_B (\alpha + \frac{1}{n}\xi)\Delta T \quad (3\text{-}13)$$

式中 α——FBG 的膨胀系数（K^{-1}）；

ξ——热光系数（K^{-1}）；

λ_{BT}——光纤光栅在某一温度下的中心波长（μm）；

ΔT——温度变化量（K）。

光纤光栅传感器就是利用式（3-12）的应变原理，将结构应变量转化为布拉格波长的变化，通过测试布拉格波长的变化从而得出结构的应变。

2. 光纤光栅传感系统的基本结构与应用

布拉格光栅传感系统主要由光纤光栅传感器、宽带光源、光谱分析仪三部分组成，如图 3-9 所示。光源将光输入光纤中，在应力场的作用下使反射光波长发生变化，改变后的反射光经光纤传回光谱分析仪，并将波长的改变量转换成电信号，从而转化为各测点的应变值。

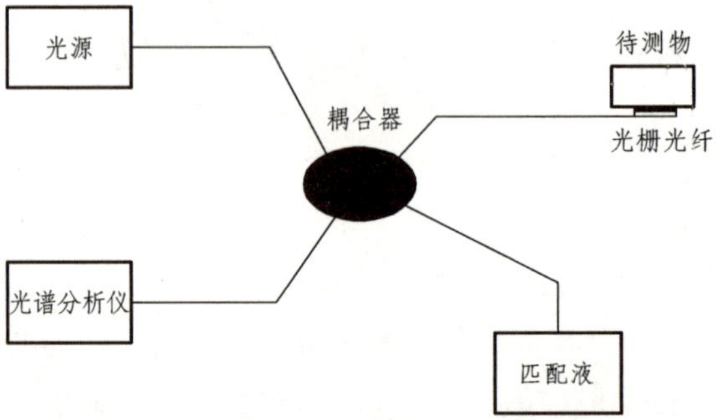

图 3-9 布拉格光栅传感系统示意图

光纤传感器在隧道结构中的应用主要分为试验应力分析、结构检测、智能监控系统三大领域。光纤传感器按照其安装方式可以分为埋入式和表面粘贴式。埋入式光纤传感器主要用于监测了解在建结构材料内部的变化情况和结构在使用期间的实际状态。表面粘贴式光纤传感器主要用于已建结构的安全监测。在实际工程中光纤传感器主要用于长期监测，可以对结构进行连续监测，对结构内部的应力、应变、裂缝、温度发展情况能够有效地了解。

3. 光纤光栅应变测试技术的优缺点

与其他测试方法比较，光纤应变测试技术具有以下优点：

（1）具有较强的抗干扰能力，对试验条件要求低，耐久性好，适用于长期监控。

（2）光纤传感器体积小，对结构的影响较小，易于布置。

（3）既可以实现对结构的点测量，也可以进行分布式测量。

（4）波长编码，方便进行绝对测量，检查量只与波长有关，与接头损失和传输损失无关。

（5）单根光纤单端检测，可减少光纤和信号解调器的数量。

（6）信号、数据可以多路传输，有利于与计算机连接和减小信号衰减。

（7）输出线性宽、灵敏度高、频带宽、信噪比高，在 10 000 με 内波长移动与应变有良好的线性关系。

虽然光纤应变测试技术具有很多优点，但同样存在许多问题，如制造价格较高、技术复杂，需要许多的辅助设备且价格昂贵，可靠度较低，使用不方便等问题。

3.2.3 振弦式应变测试技术

自 20 世纪 30 年代振弦式（钢弦式）传感器发明以来，随着计算理论、材料科学、电子技术等方面的发展，振弦式传感器技术已经具有较完备的理论和应用体系。目前使用的振弦式传感器均具有结构简单、稳定性好、抗干扰能力强、安装方便等特点。

振弦应变测量技术的原理是将一定标距长度的钢弦张拉在两个端块间，端块固定在被测结构上，当被测结构发生变形时，固定在其表面的两个端块也会跟着产生位移，从而引起钢振弦的张力发生变化，使振弦的谐振频率发生变化，通过对振弦的谐振频率变化的测试得到被测结构的应变。振弦式传感器是通过紧挨振弦的电磁线圈来测量谐振频率的，当电流脉冲通过电磁线圈，磁铁的磁性增强将振弦吸住，当电流脉冲过去后，磁铁的磁性减小，振弦脱离磁体产生自由振动，自由振动的振弦使磁体与弦上的软铁块间的磁路间隙发生变化，从而使磁阻发生变化，在拾振线圈中会产生与振弦同频率的感应电动势，通过测量感应电动势的频率即可获得振弦张力的大小，如图 3-10 所示。

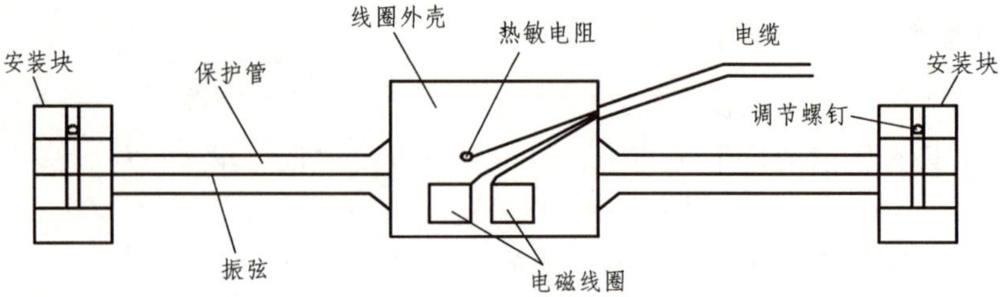

图 3-10 振弦式应变仪

与其他应变测试方法相比，振弦式应变测试方法具有以下优点：

（1）分辨率高，测试结果精确、可靠。

（2）抗干扰能力强，能够满足野外测量要求。

（3）易于实现全自动化数据采集、远距离测试、遥控测试和多点同时测量。

（4）安装方便，测试方法简单。

虽然振弦式应变测试技术具有很多优点，但也存在以下问题：

（1）响应速度较慢，不宜用于动态应变测量。

（2）应变测量范围一般为-1 500~1 500 με，超出此应变范围的应变无法测量。

（3）应变计标距较大，对于梯度变化较大的结构，不能采用此种测量方法。

（4）测试仪器和元件价格较昂贵。

1. 振弦式应变传感器的工作原理

振弦式应变传感器的工作过程可以分为激振和拾振两个过程，由激振源产生一个激振信号，再由放大器将信号放大，信号通过激振元件激发振子振动，然后由拾振元件测得振子的频率。当作用在振弦传感器两固定端上的作用力不同时，此时振弦的自振频率也会发生变化。

图 3-11 为振弦传感器示意图，图中将振弦传感器等效为一个两端固定中

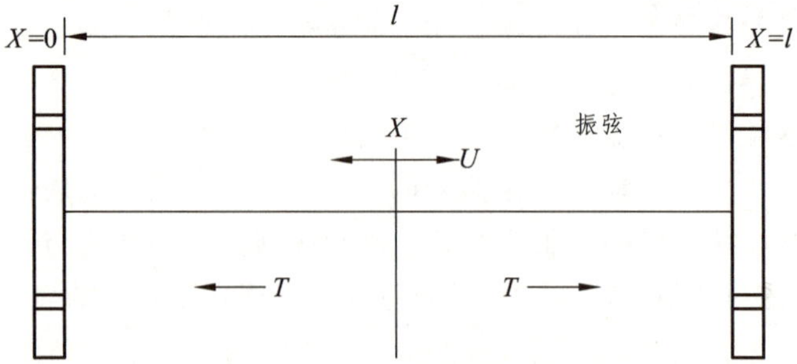

图 3-11 振弦传感器示意图

间绷紧的一根均匀弦，X 表示横向振动的平衡位置，U 表示振弦做横向振动时偏离平衡位置的位移。

由物理学原理可得横向振动方程为

$$\begin{cases}\dfrac{\partial^2 u}{\partial t^2}-a^2\dfrac{\partial^2 u}{\partial x^2}=0\\ u\big|_{x=0}=0\\ u\big|_{x=l}=0\\ u\big|_{t=0}=\phi(x)\\ \left.\dfrac{\partial u}{\partial t}\right|_{t=0}=\varphi(x)\end{cases} \tag{3-14}$$

式中　a——振弦振动的加速度，$a^2=\dfrac{T}{\rho}$（$\mathrm{m/s^2}$）；

ρ——振弦的线密度（单位弦长所具有的质量，kg/m）；

T——弦的张力（N）；

l——振弦长度（m）；

t——时间（s）；

$\phi(x)$——振弦的初位移（m）；

$\varphi(x)$——弦的初速度（m/s）。

由分离变量法求得可能的驻波解为

$$U_n(x,t)=(A_n\cos\frac{n\pi\alpha t}{l}+B_n\sin\frac{n\pi\alpha t}{l})\sin\frac{n\pi x}{l} \tag{3-15}$$

式中　n——正整数；

A_n，B_n——常系数。

由式（3-15）可得驻波频率为

$$f=\frac{\omega}{2\pi}=\frac{n\pi\alpha}{2\pi l}=\frac{n\alpha}{2l} \tag{3-16}$$

由式（3-16）可得波长最长的驻波频率为

$$f=\frac{\alpha}{2l}=\frac{1}{2l}\sqrt{\frac{T}{\rho}} \tag{3-17}$$

同时，振弦的张力与其本身应变存在如下关系：

$$T=\alpha_W E_a \tag{3-18}$$

式中　α_W——振弦的应变；

E_a——振弦的弹性模量（MPa）。

在对被测物进行测量时，振弦传感器与被测物的变形一致，可得

$$\alpha_W l=\varepsilon l_g \tag{3-19}$$

式中　ε——被测物应变；

l_g——振弦应变传感器的长度（m）。

在某一振弦应变传感器中，E_a、l_g、l、ρ 等参数均为常量，整理式（3-17）、式（3-18）、式（3-19）可得

$$\varepsilon=\frac{4\rho l^3}{E_a l_g}f^2=Kf^2 \tag{3-20}$$

式中，$K=\dfrac{4\rho l^3}{E_a l_g}$ 为振弦应变传感器的灵敏度系数。

由式（3-20）可知，被测物应变与振弦频率的平方成正比，测出振弦应变传感的自振频率就能通过计算得出被测物的应变。

2. 振弦式应变传感器的分类和技术指标

（1）振弦式应变传感器的分类。

振弦传感器按照其具有电磁线圈个数的多少可以分为单线圈振弦式应变传感器和双线圈振弦式应变传感器两类，其结构示意图如图 3-12 所示。单线圈振弦式应变传感器的激振和拾振在同一个线圈内进行，而双线圈振弦应变传感器具有两个独立的激振线圈和拾振线圈。与单线圈振弦应变传感器相比，双线圈振弦应变传感器的激振和拾振信号独立，易于对信号的处理，但其体积较大，不易布置。

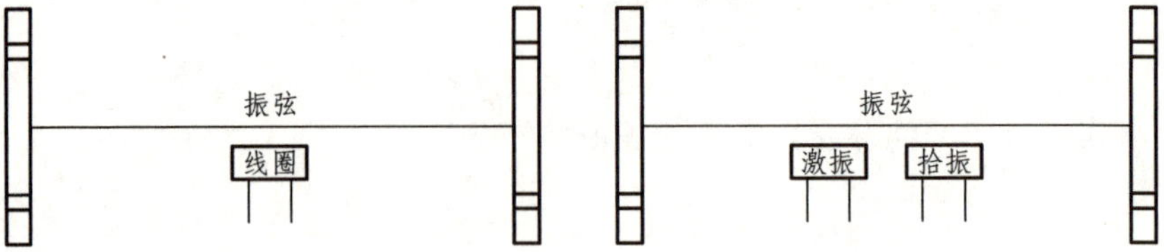

(a) 单线圈　　(b) 双线圈

图 3-12　振弦应变传感器结构示意图

（2）振弦式应变传感器的技术指标。

① 标距 l_g：振弦式应变传感器两安装块之间的距离，一般为 100~1 500 mm。

② 量程：振弦式应变传感器能测量的最大应变范围一般为-1 500~1 500 με。

③ 灵敏系数 K：振弦式应变传感器频率的平方换算为应变的系数。

④ 适应温度范围：一般为-20~80°C。

⑤ 分辨率：振弦式应变传感器能分辨的最小应变可以达到 0.1 με。

3. 振弦式应变传感器的安装

（1）埋入式振弦应变传感器的安装。

为了能够有效地了解结构内部的应变情况，可以将振弦式应变传感器埋入结构内部。埋入式振弦式应变传感器的安装方法比较简单，在混凝土浇筑前将传感器固定在待测部位即可。为了保证埋入振弦式传感器的安装质量，安装必须牢固，混凝土浇筑时应避免浇筑捣实时对传感器造成损伤。

（2）表面式振弦应变传感器的安装。

表面式振弦传感器粘贴或固定在结构的表面，对结构的表面应变进行测量。由于传感器测试时间长短不同，其安装的方式也有所不同。对于短期测量，可以采用环氧树脂直接粘贴在待测部位的表面。对于长期监测，必须采取可靠的安装方法使振弦式传感器固定在待测部位表面。

在进行长期监测安装时，可以采用螺栓或锚杆将传感器的安装块固定在待测混凝土结构表面。采用锚杆安装时，一般根据传感器的尺寸在混凝土结构表面钻出两个孔，孔深 60 mm，孔径 13 mm 左右，将锚杆与传感器安装块焊接牢固，并采用环氧树脂或速凝砂浆将锚杆固定在孔中，使其牢固无松动滑移。

在钢结构表面安装长期监测的振弦传感器时，宜将振弦传感器的安装块焊接在钢结构待测部位的表面。焊接前应先清除钢结构表面的氧化层和油污等，在焊接时为了防止焊接过热造成传感器的损坏，可以在焊接时用湿毛巾来进行冷却，并清理干净焊渣。

3.2.4 工具式应变测试技术

在实际工程中，应变片应变测量技术受粘贴技术和环境影响较大，为了减小环境和应变片粘贴对测试结果的影响，人们根据应变片的测量原理制造出了受环境影响小、便于现场粘贴的工具式表面应变传感器。工具式应变传感器测量技术具有灵敏度高、稳定性好、操作简单、粘贴快速、受环境影响小、可重复使用等优点。工具式应变传感器安装快速方便、测试结果准确，大大提高了荷载试验的工作效率，且在传感器出现问题时能及时地进行更换，因此工具式应变传感器深受试验检测人员的青睐。但工具式应变传感器在国内应用的时间较短，使用的单位较少，同时各类产品性能差异较大，应用技术还不成熟。

目前，在实际工程中使用的工具式应变传感器种类很多，例如美国 BDI 公司生产的工具式应变传感器、同济大学研制的 GBY 型工具式表面应变传感器、中国建筑科学研究院研发的 WDAS-YB100 型工具式表面应变传感器等。此类工具式表面应变传感器均利用应变片测量原理通过测量传感器弹性体的应变间接测量被测构件的应变。下面主要介绍由中国建筑科学研究院研发的 WDAS-YB100 型工具式表面应变传感器，如图 3-13 和图 3-14 所示。

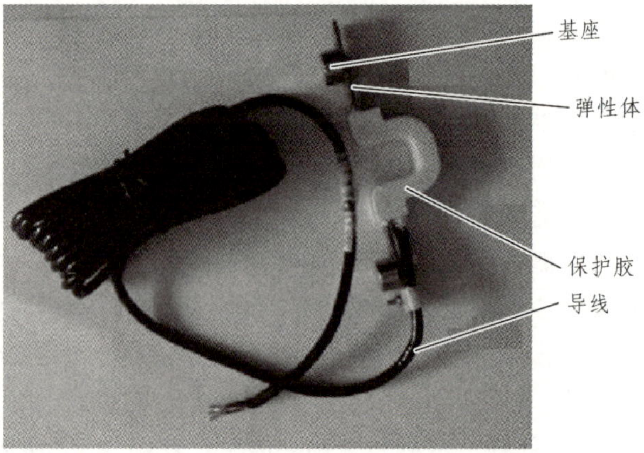

图 3-13 WDAS-YB100 型工具式表面应变传感器

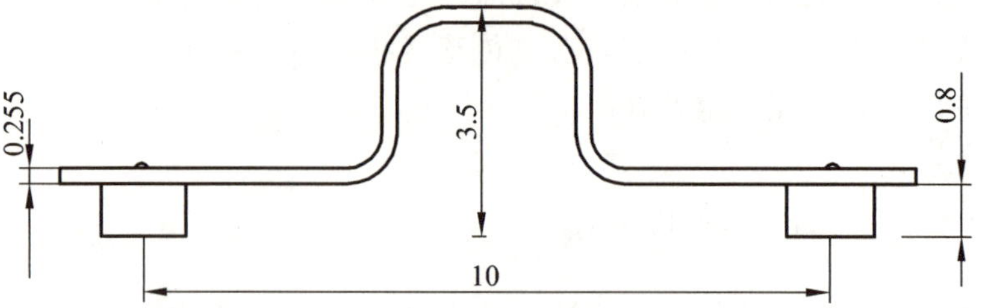

图 3-14 WDAS-YB100 型工具式表面应变传感器结构示意图（单位：cm）

1. 结构组成

（1）弹性元件部分。

WDAS-YB100 型工具式表面应变传感器弹性体采用了高性能的弹性材料，通过专门的切割及定型处理，以达到设计的构形。为了提高传感器的输出灵敏度，在弹性体上进行挖孔处理，充分利用应力集中原理。

（2）敏感元件及桥路组成。

WDAS-YB100 型工具式表面应变传感器的敏感元件为低蠕变、高精度的电阻应变片。传感器采用全桥电路，采用严格的粘贴工艺和密封措施，减少外部环境对传感器的影响，以提高传感器测量的准确性。

（3）基座及引出导线。

WDAS-YB100 型工具式表面应变传感器基座为特殊材料加工而成的圆柱体，基座底部可以通过 502 胶水固定于被测物体表面，顶部通过螺丝与传感器连接。传感器通过导线与数据采集仪进行连接，线缆中包含 5 条芯线，其中银色线为屏蔽线，红线为供桥电路的正极，黑线为供桥电路的负极，绿线为输出电路正极，白线为输出电路负极。

2. 工作原理

WDAS-YB100 型工具式表面应变传感器利用电阻应变片测量原理通过测量传感器弹性体的应变间接测量被测构件的应变，其工作原理与应变电测技术相同，通过粘贴在传感器弹性体上的电阻应变片阻值的变化来反映结构物表面的变形，再通过应变仪将微小的电阻变化转化为电压的变化。WDAS-YB100 型工具式应变传感器内部电阻应变片的粘贴如图 3-15 所示，通过在弹性元件中间挖孔处两侧和弹性元件上下缘对称粘贴电阻应变片，组成全桥电路。采用全桥电路使传感器具有较高的灵敏度，且能实现温度自动补偿的目的，同时工具式应变传感器具有跨裂缝测量结构应变的功能。

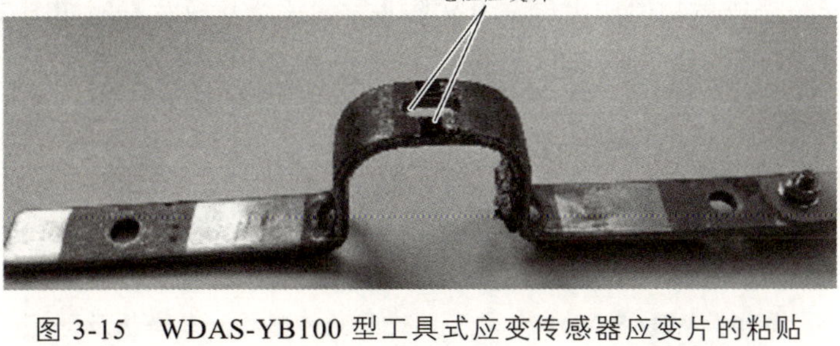

图 3-15 WDAS-YB100 型工具式应变传感器应变片的粘贴

3. 主要技术指标

WDAS-YB100 型工具式表面应变传感器主要技术指标如表 3-2 所示。

表 3-2 WDAS-YB100 型工具式表面应变传感器主要技术指标

名称	参数
型号	WDAS-YB100
防护等级	IP67 防水
检测对象	表面应变小位移
长度/mm	138
标距/mm	100
量程/με	±5 000
非线性/%F.S.	< 0.5
零漂和满漂/%F.S.	< 0.1
重复性和滞迟误差/%F.S.	< 0.1
温度范围/°C	−20 ~60
桥路阻值/Ω	350
供桥电压/V	2~10
引出线长度/m	ϕ4.7 mm 四芯屏蔽线 3 m
使用寿命/次	5×10^6

4. 传感器的安装与拆卸方法

（1）初步检查。

传感器在出厂时必须对其进行验收。验收时使传感器处于既不受拉也不受压的初始状态，利用 WDAS 数据采集仪及 SampleCenter 软件或万用表对传感器的初始值进行检查，传感器初始值在 0 V 附近。此外，传感器在运输过程中会因挤压振动的作用可能使读数稍有偏离，但并不影响传感器的使用。

（2）传感器的安装。

在安装 WDAS-YB100 工具式应变传感器时，必须依据安装模板安装，以保证传感器安装完成后初始输出值在 0 V 附近。传感器基板及基座如图 3-16 所示。

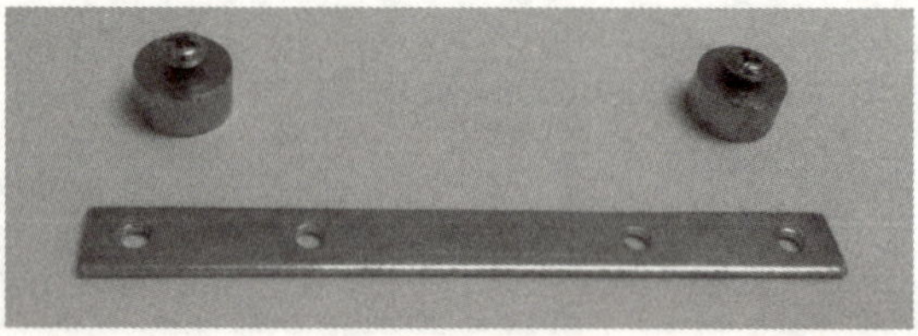

图 3-16 WDAS-YB100 型工具式应变传感器安装基板及基座

在短期检测试验中由于被测构件的材料不同，工具式应变传感器的安装方法也不同。对于混凝土结构，当结构表面比较光滑平整时，可直接使用502快干胶进行安装；当结构表面粗糙不平时，需使用砂纸或砂轮先将结构表面打磨平整，再使用502快干胶、云石胶进行安装。对于钢结构，由于钢结构表面一般有一层较厚的涂装层，不利于胶水粘贴牢固，为了保证胶水粘贴牢固，可以先利用砂轮对基座粘贴处进行打磨，然后再使用502快干胶、云石胶进行安装。

下面对传感器的一般安装过程进行详细介绍。

第一步：将基板用螺钉固定于基座上，如图3-17所示。

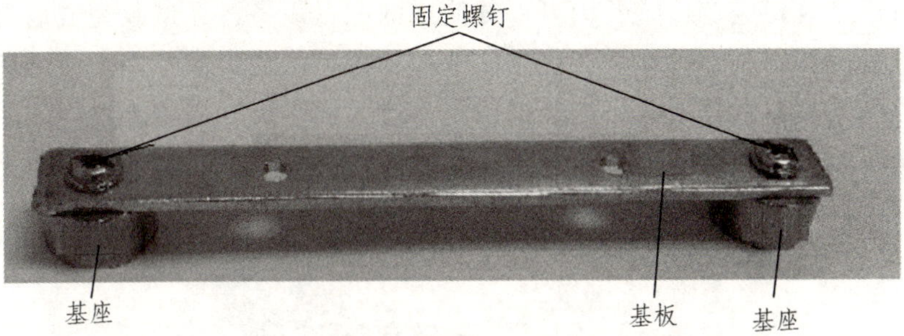

图3-17 工具式应变传感器基板与基座的安装

第二步：将被测结构表面清理干净（粗糙不平整的表面需要先进行打磨处理），确定好安装位置并标记，如图3-18所示。

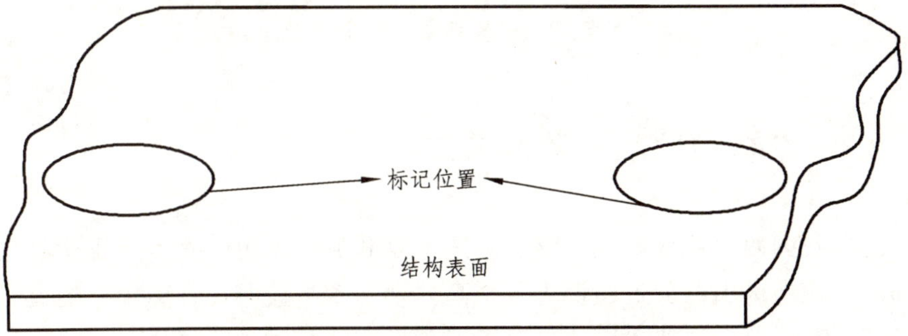

图3-18 被测结构表面清理及位置标记

第三步：在结构表面标记位置处及基座上都均匀涂上502胶水或云石胶，并迅速将基座与标记涂胶处进行黏合，用双手大拇指按住基座上方螺钉并施以压力，待基座粘贴牢固后方可松手，如图3-19所示。

第四步：将基板取下，并将传感器安装于基座上。

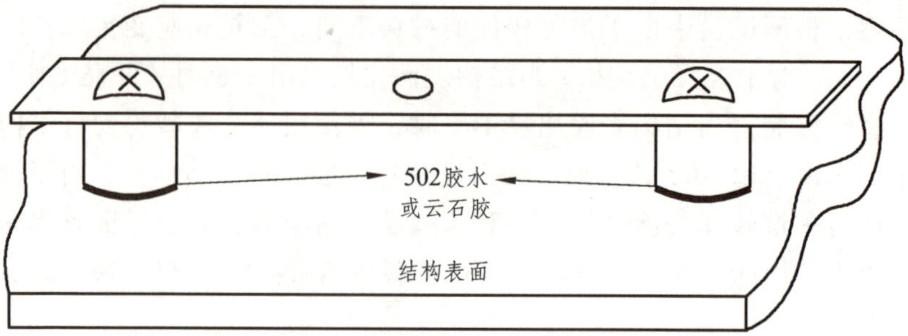

图 3-19　将基座固定于结构表面被标记处

（3）传感器的拆卸。

由于工具式应变传感器为可重复使用的测量设备，在试验完成后有必要对其进行拆卸回收。拆卸时，应先卸下传感器，然后拆卸基座。应避免将传感器和基座整体拆除，防止传感器因受力过大而损坏。当传感器卸下后，为避免基座的丢失，可采用专用的拆卸工具（见图 3-20）将基座放入扳手尾部的内腔进行拆卸。

图 3-20　传感器基座拆卸工具

3.3　结构位移状态监测方法

随着我国西南地区高速公路、高速铁路和城际轨道等重点工程建设热潮的到来，该地区山岭隧道建设进入了高峰期。变形监测是保障山岭隧道安全建设和成功运营的重要手段，目前围岩变形监测技术形式多样，但归纳起来可分为人工监测和自动化监测两大类。变形监测要求应用的技术可连续、多频次地及时覆盖被测目标，获取变形数据，以供决策。

传统人工监测主要使用水准仪、收敛计和全站仪进行变形观测。水准仪和收敛计测量准确度高、稳定性好、价格不贵，但因是接触式测量，对于高、大断面，水准仪的钢尺悬挂十分困难，收敛计无法测量高位置测线，且对施工作业有一定干扰。全站仪使用较方便，可以对各类型断面的任意位置进行监测，但效率仍较低。另外，目前低成本的人工式近景摄影测量和便携式激光测距仪在变形监测中也有了很多应用。

目前主要应用的自动化监测技术有巴塞特收敛测量系统、自动静力水准监测、测量机器人、三维激光扫描和自动化摄影测量、自动化激光测距变形监测以及光纤变形监测。各监测方法及特征如表3-3所示。

表3-3 各变形监测技术特征

类型	技术方式	测量方式	监测效率	设备、测点安装	精度及分辨率/mm	适用范围	监测范围	抗干扰能力
人工监测	水准仪与收敛计	接触式，点测	低	方便	0.1~0.3/0.01	中、小断面为主	200 m（水准仪），单断面（收敛计）	一般
	全站仪（0.5 s）	非接触式，点测	较低	较方便	0.5~0.8/0.1	各类断面	200 m（反射片），300~500 m（棱镜）	一般
	近景摄影测量	非接触式，点测为主	低	方便	1/0.1	各类断面，一般工程	50 m	差
	激光测距仪	非接触式、点测	一般	方便	1~2/1	各类断面，一般工程	单断面	一般
自动化监测	巴塞特收敛测量系统	接触式，点测	高	不方便	0.5/0.1	中、小断面为主，重要区段	单断面	较好
	静力水准监测	接触式，点测	高	不方便	0.05~0.1/0.01	只适用沉降观测	1 200 m	较好
	测量机器人	非接触式，点测	较高	较方便	0.5~0.8/0.1	各类断面，重要区段	200 m（反射片），300~500 m（棱镜）	一般
	三维激光扫描仪	非接触式，可点测，也可形成点云	一般	较方便	1.5/0.1	各类断面，一般工程	400 m内	一般
	自动化近景摄影测量	非接触式，点测	一般	较方便	1/0.1	各类断面，一般工程	50 m	差
	自动化激光测距	非接触式，点测	较高	较方便	1~2/1	各类断面，一般工程	单断面	差

续表

类型	技术方式	测量方式	监测效率	设备、测点安装	精度及分辨率/mm	适用范围	监测范围	抗干扰能力
自动化监测	SOFO 光纤	非接触式，点测	高	较方便	$0.01/2\times10^{-3}$	各类断面，重要部位	≤20 km	好
	FBG 光纤	非接触式，准分布式	高	较方便	1 με	各类断面，重要区段	≤20 km	好
	分布式光纤	非接触式，分布式	高	较方便	30 με	各类断面	≤80 km	好

注：① FBG 和分布式光纤测值为应变值，因此不列出位移量精度；
② 监测范围是指满足监测要求精度下的最大观测范围，按观测方式分为单断面观测和多断面观测，多断面观测下的观测范围指观测距离；
③ 抗干扰能力指对复杂环境的适应性，特别是对低能见度、高/低温和高湿度环境的适应性。

3.3.1 全站仪监测变形技术

全站仪监测采用自由设站的方式，量测目标点的斜距、水平角、天顶距，根据三角余弦定理和三角高程测量原理，由对边测量程序计算目标点之间的距离和高差。全站仪隧道监测示意图如图 3-21 所示。

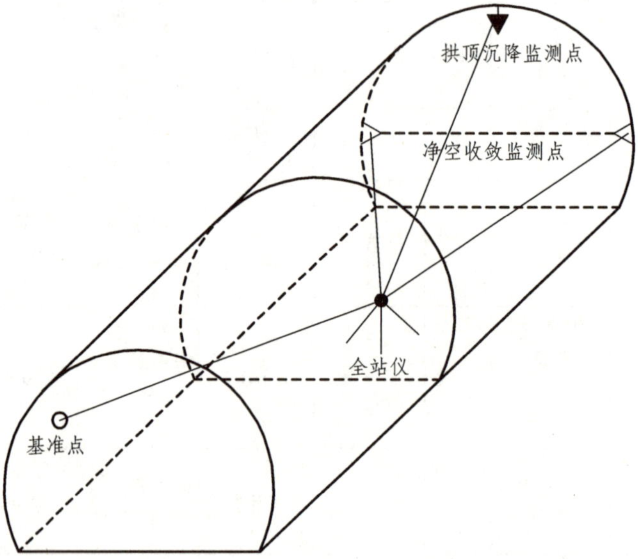

图 3-21 全站仪监测示意图

全站仪监测需要在后方稳定区域布设基准点，拱顶沉降通过测定拱顶监测点至基准点的高差计算，净空收敛由收敛监测点的距离变化反映。对边测量原理示意图如图 3-22 所示。

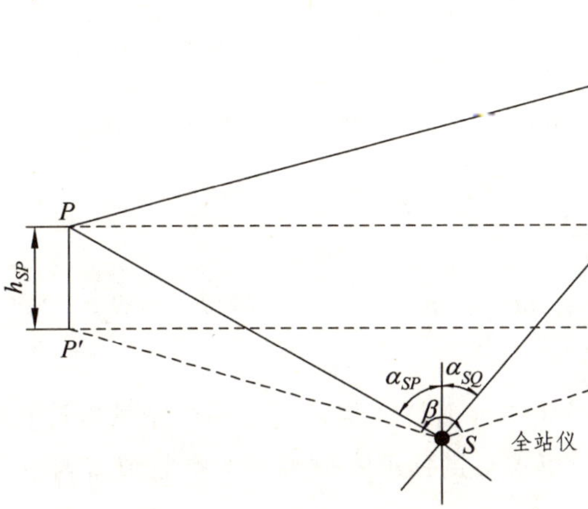

图 3-22　对边测量原理示意图

计算公式如下：

$$D_{PQ}=(S_{SP}^2\sin^2\alpha_{SP}+S_{SQ}^2\sin^2\alpha_{SQ}-2S_{SP}S_{SQ}\sin\alpha_{SP}\sin\alpha_{SQ}\cos\beta)^{\frac{1}{2}} \tag{3-21}$$

$$h_{PQ}=h_{SQ}-h_{SP}=S_{SQ}\cos\alpha_{SQ}-S_{SP}\cos\alpha_{SP} \tag{3-22}$$

$$S_{PQ}=\sqrt{h_{PQ}^2+D_{PQ}^2} \tag{3-23}$$

式（3-21）~（3-23）中 D——平距；

S——斜距；

h——高差；

α——天顶距；

β——水平角。

若 P 为基准点，Q 为拱顶监测点，则 h_{PQ} 为拱顶沉降观测值；若 P、Q 为收敛监测点，则 S_{PQ} 为收敛变形观测值。根据误差传播定律，h_{PQ} 和 S_{PQ} 的中误差公式如下：

$$\begin{aligned} m_{h_{PQ}}^2 &= \cos^2\alpha_{SP}m_{s_{SP}}^2+\frac{1}{\rho^2}S_{SP}^2\sin^2\alpha_{SP}m_{\alpha_{SP}}^2 \\ &+\cos^2\alpha_{SQ}m_{s_{SQ}}^2+\frac{1}{\rho^2}S_{SQ}^2\sin^2\alpha_{SQ}m_{\alpha_{SQ}}^2 \end{aligned} \tag{3-24}$$

$$
\begin{aligned}
m_{s_{PQ}}^2 = \frac{1}{S_{PQ}^2}\Big[& \left(S_{SP} - S_{SQ}\cos\alpha_{SP}\cos\alpha_{SQ} - S_{SQ}\sin\alpha_{SP}\sin\alpha_{SQ}\cos\beta\right)^2 m_{s_{SP}}^2 \\
& + \left(S_{SQ} - S_{SP}\cos\alpha_{SP}\cos\alpha_{SQ} - S_{SP}\sin\alpha_{SP}\sin\alpha_{SQ}\cos\beta\right)^2 m_{s_{SQ}}^2 \\
& + \frac{1}{\rho^2}\left(S_{SP}S_{SQ}\sin\alpha_{SP}\cos\alpha_{SQ} - S_{SP}S_{SQ}\sin\alpha_{SP}\cos\alpha_{SG}\cos\beta\right) m_{\alpha_{SP}}^2 \\
& + \frac{1}{\rho^2}\left(S_{SP}S_{SQ}\cos\alpha_{SP}\sin\alpha_{SQ} - S_{SP}S_{SQ}\sin\alpha_{SP}\cos\alpha_{SQ}\cos\beta\right) m_{\alpha_{SQ}}^2 \\
& + \frac{1}{\rho^2}\left(S_{SP}S_{SQ}\sin\alpha_{SP}\cos\alpha_{SQ}\sin\beta\right)^2 m_\beta^2 \Big]
\end{aligned}
\tag{3-25}
$$

式中，$m_{h_{PQ}}$、$m_{s_{SP}}$、$m_{s_{PQ}}$、$m_{s_{SQ}}$、$m_{\alpha_{SP}}$、$m_{\alpha_{SQ}}$、m_β 分别为 h_{PQ}、S_{SP}、S_{PQ}、α_{SP}、α_{SQ}、β 的误差。

斜距、天顶距、水平角中误差可由仪器测距精度和测角精度计算得到，在不考虑其他因素的影响下，可求出拱顶沉降监测和净空收敛监测中误差。

3.3.2 三维激光扫描监测技术

三维扫描隧道监测技术采用全景扫描方式获得隧道结构表面点云数据，通过控制基准点完成点云数据由测站坐标系到绝对坐标系的转换，扫描仪监测如图 3-23 所示。三维激光扫描仪测距光束绕仪器竖轴、横轴进行旋转，以竖轴、横轴作为测站坐标系的 Z 轴和 Y 轴，根据右手定则，建立测站坐标系，由极坐标测量原理计算点云数据中目标点 P 的测站坐标，测量原理如图 3-24 所示。

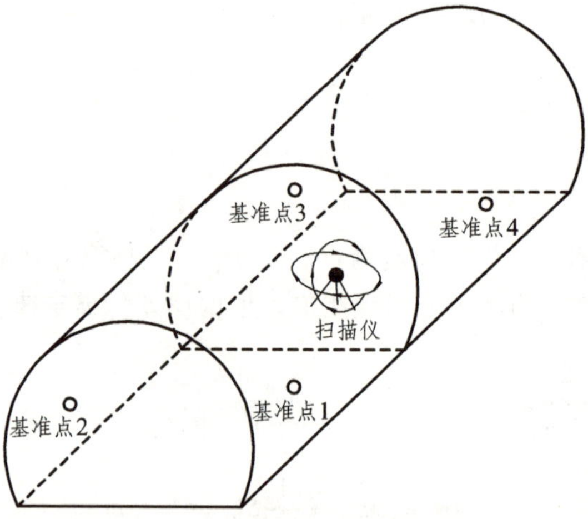

图 3-23 扫描仪监测示意图

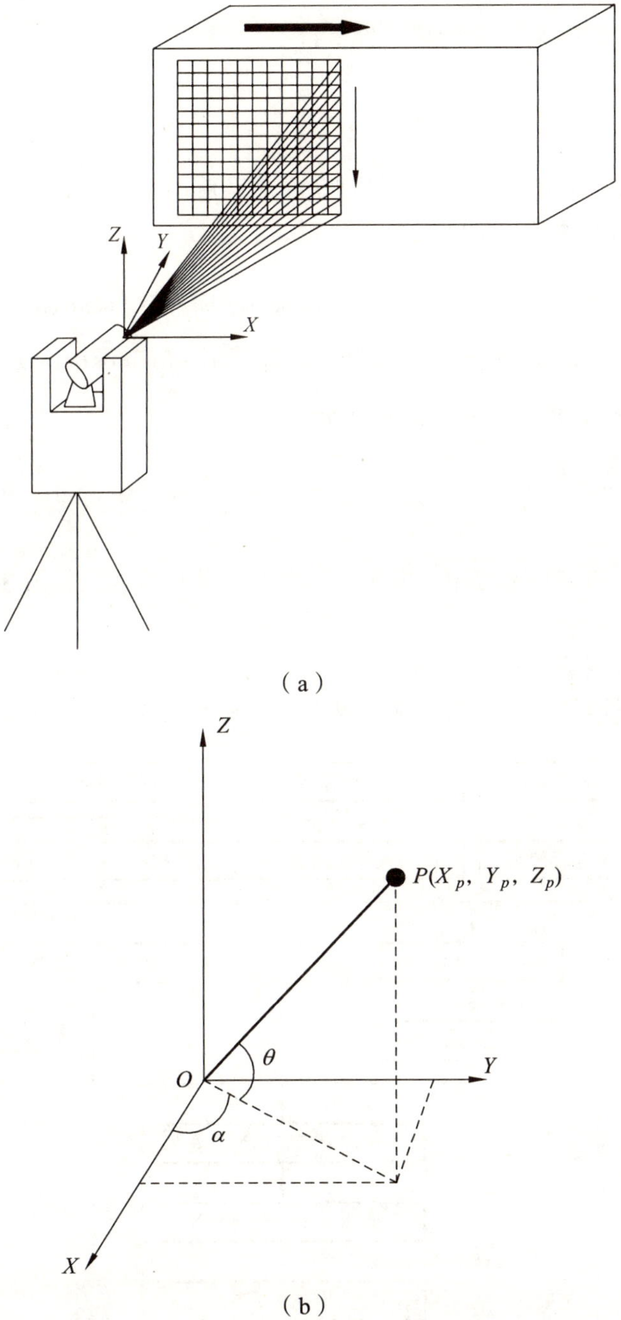

图 3-24 测量原理示意图

目标点 P 的三维坐标计算公式如下：

$$\begin{cases} X_P = S_{SP}\cos\theta\cos\alpha \\ Y_P = S_{SP}\cos\theta\sin\alpha \\ Z_P = S_{SP}\sin\theta \end{cases} \tag{3-26}$$

式中，S、θ、α 分别为斜距、竖直角和水平角。

求得目标点 P 的点位中误差，公式如下：

$$\begin{cases} m_{X_P}^2 = (\cos\theta\cos\alpha)^2 m_{S_{SP}}^2 + (S_{SP}\sin\theta\cos\alpha)^2 m_\theta^2 + (S_{SP}\cos\theta\sin\alpha)^2 m_\alpha^2 \\ m_{Y_P}^2 = (\cos\theta\sin\alpha)^2 m_{S_{SP}}^2 + (S_{SP}\sin\theta\sin\alpha)^2 m_\theta^2 + (S_{SP}\cos\theta\cos\alpha)^2 m_\alpha^2 \\ m_{Z_P}^2 = (\sin\theta)^2 m_{S_{SP}}^2 + (S_{SP}\cos\theta)^2 m_\theta^2 \end{cases} \tag{3-27}$$

式中，m_{X_P}、m_{Y_P}、m_{Z_P}、$m_{S_{SP}}$、m_θ、m_α 分别为 X_P、Y_P、Z_P、S_{SP}、θ、α 的中误差。

三维激光扫描技术应用于隧道变形监测，其技术流程如图 3-25 所示。方法如下：

（1）勘查现场，在隧道侧壁上布设控制基准点，控制基准点可用平面标靶或棱镜靶球测量出其三维坐标，要求控制基准个数不少于 3 个；

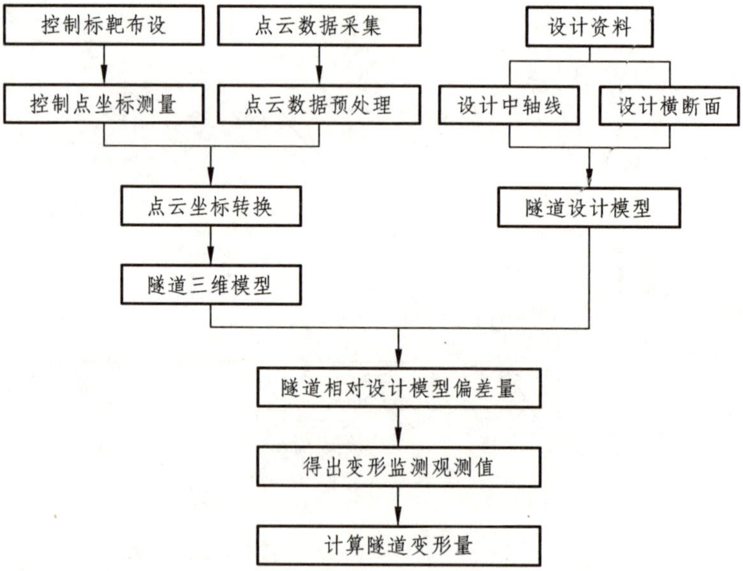

图 3-25　三维激光扫描监测技术流程

（2）选择合适的位置布设测站，配置仪器参数，进行点云数据采集，若测站数大于 1，则相邻两站用靶球作为配准标志，数量不少于 3 个；

（3）点云数据预处理，将测站点云拼接到统一测站坐标系中，对点云数据进行分割、去噪和取样处理，去除点云数据中的无用点；

（4）点云数据坐标转换，从点云数据中提取控制基准标（或棱镜靶球）中心坐标，由控制基准的测站坐标和绝对坐标，完成点云数据坐标转换；

（5）建立隧道设计模型，根据设计资料，构建隧道设计中轴线和设计横断面；

（6）计算隧道点云模型到设计模型的偏差量，作为变形监测观测值；

（7）计算变形量，根据不同时期同一位置相对隧道设计模型偏差量的差值，计算隧道变形量。

3.3.3 测量机器人监测变形技术

测量机器人是一种能够进行目标自动搜索、识别、跟踪和精确照准并获得角度、距离和三维坐标等信息的自动化智能型电子全站仪。测量机器人在全站仪上安装步进电机和 CCD（Charged Coupled Device，电荷耦合元件）影像传感器构成的视频成像系统，并且利用相应的软件进行控制和分析，步进电机实现照准功能，CCD 影像传感器实现识别功能，能够进行目标自动识别，利用机载软件进行分析、判断和推理，实现自我控制，并且自动完成照准和读数等操作。利用厂家提供的二次开发技术，可以编制相应的自动化监测软件对测量机器人进行有效控制，对测得的数据进行保存和处理，最后形成数据报表。系统总体结构如图 3-26 所示。

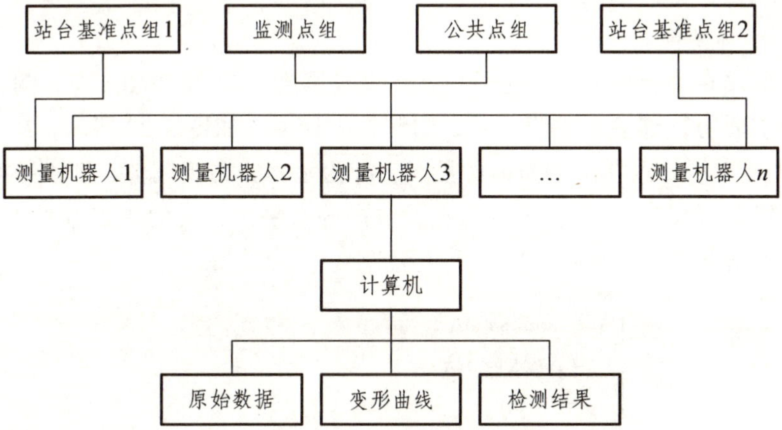

图 3-26　系统总体结构

（1）监测方案。

隧道狭长，观测条件比较差，测量机器人在隧道中的视距会受一定影响，一台测量机器人难以完成监测，因此需要多台测量机器人进行配合。由于隧道两端是有基础的，比较稳定，所以可以选择将基准点布设在两端。如图 3-27 所示，黑色实心圆点表示位于隧道两端的稳定基准点，是整个监测系统的控制基准；圆环表示位于隧道中的各个测站，用于监测附近点位；圆圈表示相邻测站的公共点位，用于联系相邻的测站坐标系；三角形表示被监测点。

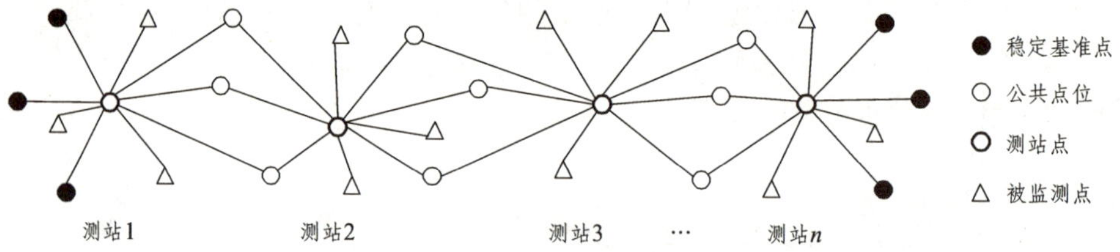

图 3-27 监测示意图

此监测方案的特点是各测站独立完成监测工作，相邻两测站之间通过观测公共点相联系，通过隧道两端的基准点对整个坐标系统进行控制，使监测结果更加准确，实现对整条隧道的实时监控。相比于测站后视定向方法，此方法允许测站点位于不稳定区域，不会对监测结果有影响，并且能够避免测站点的对中误差。

（2）监测原理。

由于有多个测站，所以需要将多站所测的坐标转换到同一个坐标系统中，这需要相邻测站之间的公共点进行联系。为了提高转换精度，可利用地铁隧道两端车站稳定的基准点对平差进行约束。

① 坐标变换。

以测站点为坐标原点、全站仪水平度盘零度方向为 Y 轴方向、测站天顶方向为 Z 轴方向建立右手坐标系，为测站坐标系。如图 3-28 所示，P 点为待测点，P 点为 P'点在水平面内的投影，h_z 为水平方向观测值，即水平度盘零度方向顺时针旋转到 P'点与 O 点连线方向的水平角，v 为 P 点垂直角，S 为 P 点和测站点之间的斜距，则 P 点坐标为

$$\begin{cases} X_P = S\cos v \sin h_Z \\ Y_P = S\cos v \sin h_Z \\ Z_P = S\sin v \end{cases} \tag{3-28}$$

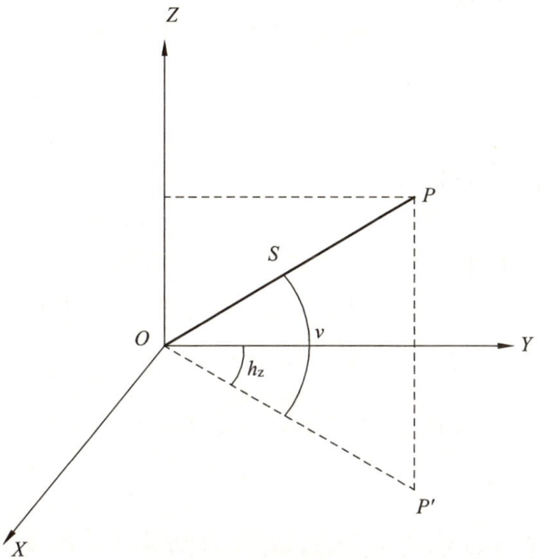

图 3-28 测站坐标系

若此测站可以观测到多个基准点，而基准点在基准坐标系中有一套坐标，在测站坐标系也有相应的坐标，则这些基准点相当于两个坐标系的公共点，可以求出转换参数，将在此测站上测出的其他点的坐标转换到与基准点同一个坐标系中。相邻两坐标系统之间的转换模型为

$$\begin{bmatrix} X_P \\ Y_P \\ Z_P \end{bmatrix}_{i+1} = \begin{bmatrix} X_{OP} \\ Y_{OP} \\ Z_{OP} \end{bmatrix}_i + \mu_i \boldsymbol{R}_1(\alpha_i)\boldsymbol{R}_2(\beta_i)\boldsymbol{R}_3(\gamma_i)\begin{bmatrix} X_P \\ Y_P \\ Z_P \end{bmatrix}_i \tag{3-29}$$

其中$\begin{bmatrix} X_P \\ Y_P \\ Z_P \end{bmatrix}_{i+1}$和$\begin{bmatrix} X_P \\ Y_P \\ Z_P \end{bmatrix}_i$是点 P 在相邻两坐标之间的坐标，即 P 为公共点；$\begin{bmatrix} X_{OP} \\ Y_{OP} \\ Z_{OP} \end{bmatrix}_i$表示坐标转换的平移参数；$\mu_i$ 为缩放系数，此系统所用全站仪为同一型号，所以缩放系数为 1；$\boldsymbol{R}$ 为旋转矩阵，分别为

$$\boldsymbol{R}_1(\alpha_i) = \begin{bmatrix} 1 & 0 & 0 \\ 0 & \cos\alpha_i & -\sin\alpha_i \\ 0 & \sin\alpha_i & \cos\alpha_i \end{bmatrix}$$

$$\boldsymbol{R}_2(\beta_i) = \begin{bmatrix} \cos\beta_i & 0 & -\sin\beta_i \\ 0 & 1 & 0 \\ \sin\beta_i & 0 & \cos\beta_i \end{bmatrix}$$

$$
\boldsymbol{R}_3(\gamma_i)=\begin{bmatrix}\cos\gamma_i & -\sin\gamma_i & 0\\ \sin\gamma_i & \cos\beta_i & 0\\ 0 & 0 & 1\end{bmatrix}
$$

② 附加限制条件的间接平差。

假设系统有 n 台测量机器人，则将隧道左端站台的基准点坐标转换到右端站台的基准点坐标系统下，要进行 n+1 次坐标转换。由于转换参数之间有约束条件，所以采用有限制条件的间接平差，限制条件为

$$
\boldsymbol{T}_{n+1}+\boldsymbol{R}_{n+1}\boldsymbol{T}_n+\cdots+\boldsymbol{R}_{n+1}\cdots\boldsymbol{R}_3\boldsymbol{T}_2+\boldsymbol{R}_{n+1}+\boldsymbol{R}_2\boldsymbol{T}_1+\boldsymbol{R}_{n+1}\cdots\boldsymbol{R}_1\begin{bmatrix}X_P\\ Y_P\\ Z_P\end{bmatrix}=\begin{bmatrix}X_P\\ Y_P\\ Z_P\end{bmatrix} \tag{3-30}
$$

其中，$\boldsymbol{R}_n=\boldsymbol{R}_1(\alpha_n)\boldsymbol{R}_2(\beta_n)\boldsymbol{R}_3(\gamma_n)$，$\boldsymbol{T}_n$ 和 $\boldsymbol{R}_n$ 分别表示第 n 个坐标系统转换到第 n+1 个坐标系统时的平移矩阵和旋转矩阵。由于两端站台的基准点位于同一个坐标系统，转换到最后一个坐标系统时坐标不变，即隧道左端的任一基准点坐标，经过各相邻坐标系统之间转换参数的转换，转换到右端站台的基准点坐标系统后等于该点的原始坐标。

因为式（3-30）对左端站台的任意基准点都适用，所以有

$$
\begin{cases}\boldsymbol{R}_{n+1}\cdots\boldsymbol{R}_1\begin{bmatrix}X_P\\ Y_P\\ Z_P\end{bmatrix}=\begin{bmatrix}X_P\\ Y_P\\ Z_P\end{bmatrix}\\ \boldsymbol{T}_{n+1}+\boldsymbol{R}_{n+1}\boldsymbol{T}_n+\cdots+\boldsymbol{R}_{n+1}\cdots\boldsymbol{R}_3\boldsymbol{T}_2+\boldsymbol{R}_{n+1}+\boldsymbol{R}_2\boldsymbol{T}_1=\begin{bmatrix}0\\ 0\\ 0\end{bmatrix}\end{cases} \tag{3-31}
$$

经线性化可得到附有限制条件的间接平差模型，即

$$
\begin{cases}V=B\hat{x}-l\\ C\hat{x}-W_x=0\end{cases} \tag{3-32}
$$

求得参数 $\hat{x}$ 的协因数阵为 $\boldsymbol{Q}_{\hat{x}\hat{x}}=\boldsymbol{N}_{bb}^{-1}$。因此可以看出经过整体平差后，各参数的精度得到提高，具体值为矩阵 $\boldsymbol{N}_{bb}^{-1}$ 与矩阵 $\boldsymbol{N}_{bb}^{-1}\boldsymbol{C}^{\mathrm{T}}(\boldsymbol{C}\boldsymbol{N}_{bb}^{-1}\boldsymbol{C}^{\mathrm{T}})^{-1}\boldsymbol{C}\boldsymbol{N}_{bb}^{-1}$ 相应对角元的差值。

通过附有限制条件的间接平差求出各转换参数的改正值之后，即可通过

转换参数求得各测站的坐标，最后计算监测点的坐标。

基于多台测量机器人的自动化变形监测系统具有全自动、高频率、高精度、实时化、操作简单并且是三维监测的特点，在一定范围内，可实现无人值守的自动化监测。相比于单台测量机器人，多台测量机器人更符合隧道的监测特点。随着城市建设的不断发展，自动化监测已经逐渐成为监测手段的主流方式，而测量机器人是自动化测量的发展方向之一，基于其自动化、高精度和高频率的优势，测量机器人将会在更多的变形监测领域得到应用。

3.4 结构病害状态监测方法

3.4.1 裂缝计监测技术

1. 裂缝计工作原理

结构物发生的变形，通过前、后端支座传递给转换机构，带动振弦使其产生应力应变，从而改变振弦的振动频率。电磁线圈激振振弦并测量其振动频率，频率信号经电缆传输至频率读数仪上，即可测出被测结构物的变形量。

2. 裂缝计的埋设与安装

（1）裂缝计安装前必须对已选定好的裂缝计逐一进行检测；当确认仪器正常时，按规范要求检查加长电缆达到规定的技术条件，此时才可以按设计要求将测缝计接长电缆，但要特别注意，仪器电缆的一端必须将保护罩套上后，才能连接加长电缆。连接电缆的方法除了硫化外，还可以进行热缩。做好仪器编号和存档工作，同时考虑适当的仪器备用量。

（2）根据施工进度，确定埋设安装方法。首先要在混凝土结构物或基岩表面按设计图纸（有单向、二向、三向）放样定点，将测缝计的夹具置于测点位置上与混凝土结构进行固定时，为保证夹具的同心度，要将模具代替仪器安装在夹具中定位。

3.4.2 分布式光纤传感器

1. 监测原理

分布式光纤传感系统原理是同时利用光纤作为传感敏感元件和传输信号

介质，采用先进的 OTDR（光时域反射）技术和 OFDR（光频域反射）技术，探测出沿着光纤不同位置的温度和应变的变化，实现真正分布式的测量。micron optics 温度测量原理是基于 RAMAN 散射效应的分布式温度传感系统；应变测量原理是基于 BRILLOUIN 散射的分布式温度和应变传感系统，它可以同时测量温度和应变。

2. 监测特点

（1）分布式光纤传感系统中的传感元件仅为光纤；

（2）一次测量就可以获取整个光纤区域内被测量的一维分布图，将光纤架设成光栅状，就可测定被测量的二维和三维分布情况；

（3）OTDR 系统的空间分辨率一般在米的量级，OFDR 技术空间分辨率可达到毫米量级；

（4）系统的测量精度与空间分辨率一般存在相互制约关系；

（5）检测信号一般较微弱，因而要求信号处理系统具有较高的信噪比；

（6）由于在检测过程中需进行大量的信号加法平均、频率的扫描、相位的跟踪等处理，因而实现一次完整的测量需较长的时间。

3.4.3 红外热成像法监测

任何物体都具有不断辐射、吸收、发射电磁波的本领，当物体处于绝对零度以上时，因为其内部带电粒子的运动，以不同波长的电磁波形式向外辐射能量，波长涉及紫外、可见、红外光区，但主要处于 0.8~15 μm 的红外区内，物体自身的辐射是向各个方向的，其红外辐射能量大小按其波长的分布与其表面温度有着十分密切的关系，因此通过对物体自身辐射的红外能量的测量，便能准确地得到物体表面的温度。

红外渗漏水监测主要通过测量物体表面的温度差实现，由于水的温度比隧道衬砌表面温度低，当隧道渗水时，有水的位置温度要比其他部位低一些，利用这些存在的温度差，可直观地看出隧道表面的渗漏水情况。

3.4.4 温度梯度法监测渗漏水

隧道渗漏水区域与干燥区域之间存在一定的温度差异，温度梯度法利用测量混凝土结构表面温度的方法来判断该区域是否渗漏。

3.4.5 电导率法

在混凝土表面加上微电压，当混凝土干燥时，几乎不导电，当混凝土被水浸湿时，导电性能显著提高，电路中能检测到一定电流。

3.4.6 云视频图像监测技术

视频图像处理的多功能隧道监测系统是利用视频图像处理技术及其方法结合计算机编程语言基于物联网的运营期隧道衬砌裂缝、渗漏水和掉块病害长期监测的集成系统，利用该检测系统的视频图像处理方法可以快速准确地判断出该图像是否为病害图像、病害的程度如何等。

该监测技术先通过物联网结合隧道安装的监控摄像头识别、归类采集图像数字信息并传输到处理系统；接着应用邻域平均法和中值滤波法来抑制图像的噪声，使图像的边缘平滑；然后绘制出处理过图像的灰度图，得到该幅裂纹图像的阈值，利用阈值分割法对裂纹图像进行二值化处理，得到其二值图像，并对图像进行边缘检测；最后计算出裂纹图像的面积和宽度，并根据相机参数和视距与规范结合标定阈值做出危害程度判断，加上利用云计算建立时间特征变化趋势曲线，最终达到监测预警的目的。实现主要算法流程如图 3-29 所示。

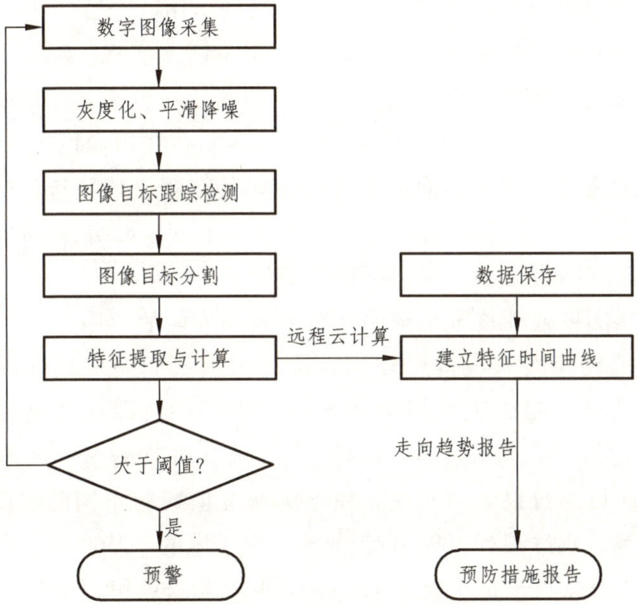

图 3-29 实现主要算法流程

1. 视频图像处理技术运用的功能实现原理简述

（1）视频图像处理技术在裂缝监测方面的运用。

隧道衬砌裂缝的产生直观表现在混凝土的张裂（产生的原因有多种，主要有外荷载直接作用，结构次内力引起，衬砌结构变形引起温胀等），而一旦产生了张拉裂缝，那么在光强不变的条件下将使得完好混凝土的表面灰度与产生的裂缝暗面形成灰度对比，这一发展过程被摄像机采集，然后依据灰度变化利用阈值使裂缝目标能够被识别和提取出来，经过计算机对分割出来的裂缝目标细化完善成型。因为计算机处理后是数字图像，像素单元宽度的确定与实际尺寸标定后进一步确定裂缝的实际宽度（mm），最终监测判断其是否在允许范围内，并记录保存数据，标记裂缝位置，建立时间坐标关系曲线，预测未来走势，做好补救措施。

（2）视频图像处理技术在渗漏水监测方面的运用。

因为水的渗入特性，以及混凝土的表层吸水，所以无论是在隧道拱顶还是衬砌壁、路面，出现渗水现象会有明显的干湿水渍区分，隧道安置的摄像机能监测到这一发展变化，即灰度变化。通过渗水图像的识别分割渗水区域，建立时间轴，依据渗水区域面积在时间轴上的变化曲线来确定渗水的严重程度，做好相应的防范措施。

（3）视频图像处理技术在掉块监测方面的运用。

基于相同光强下掉块的监测可以从两个方面来实现：第一，结合全局补偿法和帧差法监测隧道断面在时间轴上拱顶掉块数量来估计风险程度，当然此法也存在一定的缺陷性，即掉块速度过快容易存在摄像机暂时的视野盲区；第二，掉块的最终结果是路面形成大小不一的混凝土块坠迹，或者出现路面轻微破碎痕迹，那么就有了灰度区分的可能来实现目标分割，同样建立面积、时间曲线关系并结合第一点综合判断掉块情况。

（4）视频图像处理技术在洞内外亮度监测方面的运用。

亮度的监测相对来说构思较为直接，依据不同亮度程度的图像灰度也是成阶梯变化的，报告上面提到相同的光强条件，即在特定的区域设定特定的光强，通过摄像机设定不同的监测区域，再监测整个区域的平均灰度值，在此之前可通过科学对比法，使不同灰度值对应不同的亮度值，建立相应的映射关系，通过编程就能直接读出监测区域的平均亮度，进一步计算出亮度的总均匀度。得出最终结果后，根据规范要求就可以做出对应的智能光度调整。

2. 机械视觉监测技术运用的优势

视觉监测技术理念是隧道的长期监测，是基于器械视觉来完成的，而现有的监测技术，大多是点式的、接触式的监测，因而不能大范围监测，所以不能得到很好的监测效果。如果运用远程端联网图像处理技术，则会避免很多问题。

（1）此监测系统信息是通过摄像机采集，智能摄像机的监测视野将大大地提高，利用云台技术的摄像机可以在隧道内定距离固定安装，镜头上下左右平移扫视；也可以是非固定相机，在规定的轨道内滑移实时监视，这都提高了监测范围，一套仪器实现多面、多点监测。

（2）此监测系统不仅能监测正常视野大小，根据相机的性能，其监测精度可以达到 0.01 mm 到无限大，实用性更好；系统设备简单，安装便捷，受到外界干扰的影响很小。

（3）因为整套监测系统都是电子信息传输自动化运行，避免了不少的人力消耗，使得远程控制、信息可视化、远程预警能较好地实现。

3.4.7 各监测手段比较

1. 裂缝监测功能比较

裂缝监测功能比较如表 3-4 所示。

表 3-4 裂缝监测功能比较

序号	名称	原理	优点	缺点
1	云隧视频图像监测	采集图像灰度化并预处理后，若裂缝产生，其周边的图像灰度值会发生变化，利用阈值分割，提取特征边缘，达到动态监测宽度变化的目的	① 布设简单。 ② 监测范围广，监测范围为二维区域，一套仪器实现多面、多点监测。 ③ 监测裂缝宽度范围为 0.01 mm 到无限大。 ④ 非接触式，不会受监测对象的状态变化影响	对场景的照明条件要求高，必要时需要布设补光灯
2	埋入式电测传感器	利用卡尔逊式或振弦式侧缝计进行测量，检测范围为 0.1~1 mm	① 检查点较精准。 ② 能够进行细裂缝监测	① 单点式监测，由于裂缝随机产生，靶向性差。 ② 接触式，监测宽度范围小，随着裂缝的发展，自身易失效

续表

序号	名称	原理	优点	缺点
3	裂缝计	利用电磁感应把被测得的物理量转换成线圈的自感系数和互感系数变化，再由电路转换为电压或电流的变化量输出，测量范围为 10~200 mm	① 定点精准检查。 ② 测量范围广	① 单点式监测，不能监测较细的裂缝。 ② 随着裂缝的发展，本身易失效
4	分布式光纤传感	基于光时域反射技术（OTDR），其检测信号，即其信息载体，是光波导中的瑞利散射	① 能实现分布式检测。 ② 抗电磁干扰，可靠久，灵敏度高。 ③ 能够实现连续、立体检测	① 随着裂缝的发展，光纤本身易效。 ② 需要预先埋设，由于裂缝空间的随机性，靶向性差，往往难以发挥作用

2. 渗漏水监测功能比较

渗漏水监测功能比较如表 3-5 所示。

表 3-5 渗漏水监测功能比较

序号	名称	原理	优点	缺点
1	云隧视频图像监测	渗漏水产生或者发展时，其周边的图像灰度值会发生变化，通过智能算法对其边缘进行动态识别，达到动态监测渗水面积变化的目的	① 布设简单。 ② 监测范围广，监测范围为二维区域，一套仪器实现多面、多点监测。 ③ 非接触式，不会受监测对象的状态变化影响	对场景的照明条件要求高，必要时需要布设补光灯
2	温度梯度法	基于渗漏区与干燥区域间存在的温度梯度，利用测量管片表面温度的方法来判断该区域是否渗漏	① 易操作。 ② 监测效率高	① 单点式监测，由于渗水产生随机性，靶向性差。 ② 接触式，监测宽度范围小

续表

序号	名称	原理	优点	缺点
3	电导率法	在测量管片表面加上微电压，出现渗水后混凝土导电率变大，从而可检测到电流	①布设简单。 ②监测效率高	①单点式监测，由于渗水产生随机性，靶向性差。 ②接触式，监测范围小
4	红外热成像法	当隧道渗水时，有水的位置温度要比其他部位低一些，利用这些存在温度差的图像，可直观地看出隧道表面的渗漏水情况	①监测范围广，监测范围为二维区域，一套仪器实现多面、多点监测。 ②非接触式，不会受监测对象的状态变化影响	①容易受到洞内温度的影响产生误差。 ②受隧道衬砌辐射率的影响，对衬砌表面涂料要求高

3. 隧道掉块路面破损监测功能比较

隧道掉块路面破损监测功能比较如表3-6所示。

表3-6 隧道掉块路面破损监测功能比较

序号	名称	原理	优点	缺点
1	云隧视频图像监测系统	掉块发生发展时，其路面破损周边的图像灰度值会发生变化，通过智能算法对其边缘进行动态识别，达到动态监测路面破损面积变化的目的	①布设简单，不需要预设任何装置。 ②监测范围广，监测范围为二维区域，一套仪器实现多面、多点监测。 ③非接触式，不会受监测对象的状态变化影响	对场景的照明条件要求高，必要时需要布设补光灯
2	三维激光扫描技术	采用脉冲激光测距，点云形式获取扫描物体表面阵列式几何图形的三维数据	①扫描速度快。 ②非接触式工作。 ③精度高，可测量，数字化	①不能实时监测。 ②人力消耗大。 ③布设复杂
3	静态破损检测法	混凝土内安装收敛传感器，并分段安装局部控制单元，采集收敛形变数据进行分析达到监测的目的	①操作简单。 ②精度高，监测效率快	①接触式，监测宽度范围有限。 ②成本造价高

3.5 本章小结

本章详细介绍了隧道全寿命周期的监测内容指标与方案，归纳起来主要有：

（1）根据隧道结构的受力特点，反映隧道结构安全的关键性指标主要包括结构应力状态、结构位移状态以及结构病害状态 3 类，实际操作过程中需要根据隧道的实际情况选取合适的监测内容与指标。

（2）目前隧道结构应力状态监测主要有 4 种方法，其中应变片测量应变是目前最普遍的应变测量方法，光纤应变测试技术是目前应变测量发展的一个方向，振弦式应变传感器安装方便，测试方法简单，易于实现全自动化数据采集。工具式应变传感器测量技术是利用应变片测量技术研制出来的一种应变测量技术，发展尚不够成熟。

（3）不同变形监测技术各有优缺点，整体上自动化监测相对于人工监测在技术效果上更符合隧道变形监测的用意，即动态监测和实时预警。目前设备成本和施工作业干扰是限制自动化监测技术广泛使用的主要原因。选择变形监测技术的流程可参考以下步骤：首先，需根据工程性质确定监测技术要求参数，再选出适合技术类型；然后，计算运用各项技术类型或技术类型组合的成本；最后，根据实际需求，选择成本最优、技术参数符合或成本可接受、技术参数最佳的一种或多种技术组合的监测方案。

（4）隧道病害监测是对运营期隧道病害特征进行长期监测，如隧道渗漏水监测、隧道衬砌裂缝监测、隧道掉块监测等，以现场监测所获得的病害特征监测数据为依据，对采集的数据结果进行及时处理，分析病害特征的发展规律，预测病害特征的变化趋势。

（5）运营隧道病害特征的监控量测工作具有重大的实际意义，科学合理的监控量测工作可以迅速准确地获取隧道的病害发展情况，通过对这些实测数据的分析，及时迅速地向建设方和运营管理方提供分析结果，确定隧道当前病害等级及危险程度，以便及时对隧道进行维修加固，避免意外安全事故的发生。

【第 4 章】>>>>

隧道环境无线通信技术

4.1 无线通信抗干扰设计

无线通信系统的通信距离和可靠性是设计和评价一个通信系统的主要性能指标，影响通信距离的主要性能指标有以下四个：

（1）发射功率；

（2）接收器灵敏度；

（3）系统抗干扰能力；

（4）发射/接收天线的类型及增益。

在这四个主要指标中，各国电磁兼容性标准（如北美的 FCC、欧洲的 EN 规范）均只限制发射功率，只要对接收灵敏度及系统的抗干扰能力两项指标进行优化，即可在符合 FCC 或 CE 标准的前提下扩大系统的通信距离。影响无线通信距离的因素如下：

1. 地理环境

通信距离最远的是海平面及陆地无障碍的平直开阔地，这也是通常用来评估无线通信设备的通信距离时所使用的地理条件，其次是郊区农村、丘陵、河床等半障碍、半开阔环境，通信距离最近的是城市楼群中或群山中。总之，障碍物越密集，对无线通信距离的影响就越大，特别是金属物体的影响最大，由式（4-1）路径损耗公式可知，信号每损耗 6 dB，通信距离就会减少一半。另一个因素就是多路径影响，所以如果无线模块附近的障碍物较多也会影响通信的距离和可靠性。

$$L_d = 32.4 + 20\lg f + 20\lg d \tag{4-1}$$

2. 电磁环境

直流电机、高压电网、开关电源、电焊机、高频电子设备、计算机、单片机等设备对无线通信设备的通信距离均有不同程度的影响。

3. 气候条件

空气干燥时通信距离较远，空气潮湿（特别是雨、雪天气）时通信距离较近，在产品容许的工作环境温度范围内，温度升高会导致发射功率减小及接收灵敏度降低，从而减小了通信距离。

4. 发射功率

发射功率越大，通信距离越大；从理论上说发射功率可无限制地增加，但实际上由于受成本或法律规定的限制，发射机的输出功率也是有限的，特别是对于低功耗系统的要求。

5. 接收器灵敏度

接收器灵敏度反映了接收机捕捉微弱信号的功能，接收灵敏度越高，通信距离也越远。但由于受自然界电磁噪声及工业污染、电子元器件固有噪声的影响，−123 dBm（即 0.158 μV）通常被认为是现代无线电通信中纯硬件实现的接收灵敏度的极限值，很难突破，即使加上软件纠错也只能再改善 1~3 dB，如果通信系统的接收灵敏度已接近这一极限值就已无潜力可挖了，要提高通信距离只能从其他方面着手。

6. 系统抗干扰能力

实际的通信环境总是存在着各种干扰源，在同样的发射功率和同样的接收灵敏度的前提下，系统的抗干扰能力越强，实际通信距离也越远。许多高频工程师都有这样的体会，在实验室（屏蔽网房）内测试，调幅机与调频机的发射功率和接收灵敏度都相同，但在实际环境中测试时，调频机的通信距离往往是调幅机的若干倍，甚至调幅机根本就不能工作，而调频机仍能有较远的通信距离，原因是调频机的抗干扰能力要比调幅机强得多。

然而，影响无线通信系统抗干扰能力的因素也很多，主要与调制/解调方式、工作带宽、电路设计 PCB 板布局和退耦及屏蔽措施是否得当有关，一般而言，调频系统的抗干扰能力优于调幅系统，而窄带系统的抗干扰能力优于宽带系统。

因此，带宽越窄，抗干扰能力就越强，在同一发射功率和接收灵敏度条件下，通信距离也越远。

7. 软件纠错

具有软件纠错的系统，其通信距离也比无软件纠错的系统远；软件纠错能改善接收灵敏度 1~3 dB，但会产生一定的延时，在实时性要求很高的系统中也要考虑这一因素的影响。

8. 天线类型及其增益

天线的增益越高，通信距离也越远。当发射机采用高增益的定向天线时，能显著提高通信方向上的功率密度（场强），而接收机采用高增益定向天线时能显著改善信号/噪声比，并提高接收场强，从而大幅度提高通信距离。目前适合 ISM/SRD 免证使用频段的无线通信设备使用的天线有以下几种：

① 鞭状天线（螺旋天线、拉杆天线）：增益 0~3.5 dB，适合便携式移动手持机使用。

② 中增益吸盘天线：增益 5.5~7 dB，适合固定机及车载机使用。

③ 高增益全向天线：增益 8.5~10 dB，需室外安装，适合于固定机组网用。

④ 高增益定向天线：增益 10~12 dB，需室外安装，适合于远距离固定机用。

需要说明的一点是，增益越高的天线其几何尺寸也越大，特别是高增益的定向或全向天线要求室外安装才能发挥其最佳效率，所以选购天线时需要考虑使用及安装是否方便。

9. 天线有效高度

在各种条件相同的前提下，天线距离地平面的高度越高，通信距离越远，特别是在城市环境下，提高天线的高度比增大发射功率对通信距离的影响要大得多。

4.2 无线通信距离的估算

从上面的分析可知，很多因素都会影响无线通信设备的通信距离，而其中的地理环境、电磁环境、气候条件对无线通信距离的影响是由用户的使用条件决定的，难以改变，也很难用一个数学表达式描述出来，只有那些能量化的因素才能用一个数学表达式描述。

对于工作频率范围在 300 MHz~3 GHz 的无线通信设备，在视距范围（又称自由空间）内，已知发射功率 P_{tx}、接收灵敏度 P_{rx}、发射天线增益 G_1 及接收天线增益 G_2（单位均为倍，而不是 dB）、载频波长 λ（m），则通信距离 R（m）可由式（4-2）计算获得。

$$R=\frac{\lambda M}{4\pi}\sqrt{\frac{P_{tx}\cdot G_1\cdot G_2}{P_{rx}}} \tag{4-2}$$

通过式（4-2）计算，在非常理想的条件下，对于 Jennic 的标准模块以及高功率模块，通信距离分别能够达到 700 m 以及 7 000 m。但是实际测试时，距离非常近，通信距离为 100 m 到 1 000 m，约为理论值的 10%。实际距离与理论值之间产生差距的原因有以下三个方面：

首先，公式中的结果是一个纯理论值，只考虑了电磁波在自由空间的传播过程，随着距离的增加，能量扩散到更大空间后能量密度减小导致信号场强减小的结果，而没有考虑空气及地面等介质对电磁波吸收、衰减的影响。

其次，没有考虑发射天线的发射效率和接收天线的接收效率（理论上可以做到 100%，但实际上达不到）的影响。

最后，没有考虑各种电磁干扰及接收机的抗干扰能力的影响，从而导致了实际结果与理论计算值有较大的误差。

在实际的通信环境中总是存在着各种各样的干扰源，有时虽然接收天线上感应到的信号强度远高于接收灵敏度，但是当接收机所处环境的电磁干扰较大时，有用信号仍被淹没在干扰信号中，而接收机又不能有效抑制干扰，同样不能进行有效的无线电通信，如果接收机的抗干扰能力很强，这种影响就比较小。

通过上述分析，可以得出这样的结论：在实际通信环境中，微功率无线通信系统的通信距离主要取决于系统的抗干扰能力。

4.3　直序列扩频通信技术

扩展频谱通信由于具有很强的抗干扰能力，首先在军用通信系统中得到了应用。近年来，扩展频谱通信技术的理论和应用发展非常迅速，在民用通信系统中也得到了广泛的应用。

扩频通信是扩展频谱通信的简称，频谱是电信号的频域描述。承载各种信息（如语音、图像、数据等）的信号一般都是以时域来表示的，即信息信号可表示为一个时间的函数 $f(t)$。信号的时域表示式 $f(t)$ 可以用傅里叶变换得到其频域表示式 $F(t)$。频域和时域的关系由式（4-3）确定。

$$F(t)=\int_{-\infty}^{\infty} f(t)\mathrm{e}^{-j2\pi ft}\mathrm{d}t \tag{4-3}$$

$$f(t)=\int_{-\infty}^{\infty} F(f)\mathrm{e}^{-j2\pi ft}\mathrm{d}f \tag{4-4}$$

函数 $f(t)$ 的傅里叶变换存在的充分条件是 $f(t)$ 满足狄里克雷（Dirichlet）条件，或在区间（$-\infty$，$+\infty$）内绝对可积，即 $\int_{-\infty}^{\infty}|f(t)|\mathrm{d}t$ 必须为有限值。

扩展频谱通信系统是指待传输信息信号的频谱用某个特定的扩频函数[与待传输的信息信号 $f(t)$ 无关]扩展后成为宽频带信号，然后送入信道中传输；在接收端再利用相应的技术或手段将其扩展了的频谱压缩，恢复为原来待传输信息信号的带宽，从而到达传输信息目的的通信系统。也就是说在传输同样信息信号时所需要的射频带宽，远远超过被传输信息信号所必需的最小带宽。扩展频谱后射频信号的带宽至少是信息信号带宽的几百倍、几千倍甚至几万倍。信息已不再是决定射频信号带宽的一个重要因素，射频信号的带宽主要由扩频函数来决定。

由此可见，扩频通信系统有以下两个特点：

（1）传输信号的带宽远远大于被传输的原始信息信号的带宽；

（2）传输信号的带宽主要由扩频函数决定，此扩频函数通常是伪随机（伪噪声）编码信号。

以上两个特点有时也称为判断扩频通信系统的准则。

扩频通信系统最大的优点是其具有很强的抗人为干扰、抗窄带干扰、抗多径干扰的能力。这里先定性地说明扩频通信系统具有抗干扰能力的理论依据。

扩频通信的基本理论根据是信息理论中香农（C. E. Shannon）的信道容量公式，即

$$C=B\log_2\left(1+\frac{S}{N}\right) \tag{4-5}$$

式中　C——信道容量（b/s）；

B——信道带宽（Hz）;

S——信号功率（W）;

N——噪声功率（W）。

香农的信道容量公式表明了一个信道无差错地传输信息的能力同存在于信道中的信噪比以及用于传输信息的信道带宽之间的关系。

令 C 是希望具有的信道容量，即要求的信息速率，对式（4-5）进行变换，可得

$$\frac{C}{B}=1.44\ln\left(1+\frac{S}{N}\right) \tag{4-6}$$

对于干扰环境中的典型情况，当 $\frac{S}{N}\ll 1$ 时，用幂级数展开式（4-6），并略去高次项得

$$\frac{C}{B}=1.44\frac{S}{N} \tag{4-7}$$

或

$$B=0.7C\frac{N}{S} \tag{4-8}$$

由式（4-7）和式（4-8）可看出，对于任意给定的噪声信号功率比 N/S，只要增加用于传输信息的带宽 B，就可以增加在信道中无差错地传输信息的速率 C；或者说在信道中当传输系统的信号噪声功率比 S/N 下降时，可以用增加系统传输带宽 B 的办法来保持信道容量 C 不变；或者说对于任意给定的信号噪声功率比 S/N，可以用增大系统的传输带宽来获得较低的信息差错率。

若 $N/S=100$（20 dB），$C=3\ \text{kb/s}$，则当 $B=0.7\times100\times3=210\ (\text{kHz})$ 时，就可以正常地传送信息，进行可靠的通信了。

这就说明增加信道带宽 B，可以在低信噪比的情况下，信道仍可在相同的容量下传送信息。甚至在信号被噪声淹没的情况下，只要相应地增加信号带宽也能保持可靠通信。如系统工作在干扰噪声比信号大 100 倍的信道上，信息速率 $R=C=3\ \text{kb/s}$，则信息必须在 $B=210\ \text{kHz}$ 带宽下传输，才能保证可靠通信。

扩频通信系统正是利用这一原理，用高速率的扩频码来扩展待传输信息信号带宽的手段，来达到提高系统抗干扰能力的目的。扩频通信系统的带宽比常规通信系统的带宽大几百倍乃至几万倍，所以在相同信息传输速率和相

同信号功率的条件下，具有较强的抗干扰能力。

香农指出，在高斯噪声的干扰下，在平均功率受限的信道上，实现有效和可靠通信的最佳信号是具有白噪声统计特性的信号。这是因为高斯白噪声信号具有理想的自相关特性，其功率谱密度函数为

$$S(f)=\frac{N_0}{2}\quad -\infty<f<\infty \tag{4-9}$$

对应的自相关函数为

$$R(\tau)=\int_{-\infty}^{\infty}S(f)\mathrm{e}^{j2\pi f\tau}\mathrm{d}f=\frac{N_0}{2}\delta(\tau) \tag{4-10}$$

其中，$\delta(\tau)$ 为时延，定义为

$$\delta(\tau)=\begin{cases}\infty & \tau=0\\ 0 & \tau\neq 0\end{cases} \tag{4-11}$$

白噪声的自相关函数具有 $\delta(\tau)$ 函数的特点，说明它具有尖锐的自相关特性。但是对于白噪声信号的产生、加工和复制，迄今为止仍存在着许多技术问题和困难。然而人们已经找到了一些易于产生又便于加工和控制的伪噪声码序列，它们的统计特性近似于或逼近于高斯白噪声的统计特性。

伪噪声序列的理论在本书以后的章节中要专门阐述，这里仅简略引用其统计特性，借以说明扩频通信系统的实质。

通常伪噪声序列是一周期序列。假设某种伪噪声序列的周期（长度）为 N，且码元 c_i 都是二元域 $\{-1,1\}$ 上的元素。一个周期（或称长度）为 N，码元为 c_i 的伪噪声二元序列 $\{c_i\}$ 的归一化自相关函数是一周期为 N 的周期函数，可以表示为

$$R(\tau)=R_c(\tau)\cdot\sum_{k=-\infty}^{\infty}\delta(\tau-kN) \tag{4-12}$$

其中 $R_c(\tau)$ 为伪噪声二元序列 $\{c_i\}$ 一个周期内的表示式，即

$$R_c(\tau)=\frac{1}{N}\sum_{i=1}^{N}c_ic_{i+\tau}=\begin{cases}1 & \tau=0\\ -\dfrac{1}{N} & \tau\neq 0\end{cases} \tag{4-13}$$

式中，$\tau=0,1,2,3,\cdots,N$。当伪噪声序列周期（长度）N 取足够长或 $N\to\infty$ 时，

式（4-13）可简化为

$$R_c(\tau)=\begin{cases}1 & \tau=0\\ -\dfrac{1}{N}\approx 0 & \tau\neq 0\end{cases} \tag{4-14}$$

比较式（4-13）和式（4-14），看出它们比较接近，当序列周期（长度）足够长时，式（4-14）就逼近式（4-13）[式（4-13）是自相关函数归一化的形式，乘周期 N 后就是一般表达式，在一般表达式中 $R(0)=N$]。所以伪噪声序列具有和白噪声相类似的统计特性，也就是说它很接近于高斯信道要求的最佳信号形式。因此，用伪噪声码扩展待传输信息信号频谱的扩频通信系统，优于常规通信系统。

哈尔凯维奇（A. A. Xapкebhq）早在 20 世纪 50 年代，就已从理论上证明，要克服多径衰落干扰的影响，信道中传输的最佳信号形式应该是具有白噪声统计特性的信号形式。采用伪噪声码的扩频函数很接近白噪声的统计特性，因而扩频通信系统又具有抗多径干扰的能力。

下面以直接序列扩频通信系统为例，来研究扩频通信系统的基本原理。图 4-1 给出了直接序列扩频通信系统的简化原理。

由信源产生的信息流 $\{a_n\}$ 通过编码器变换为二进制数字信号 $d(t)$ 。二进制数字信号中所包含的两个符号的先验概率相同，均为 1/2，且两个符号相互独立，其波形图如图 4-2（a）所示，二进制数字信号 $d(t)$ 与一个高速率的二进制伪噪声码 $c(t)$ ［其波形如图 4-2（b）所示，伪噪声码作为系统的扩频码序列］相乘，得到如图 4-2（c）所示的复合信号 $d(t)c(t)$ ，这就扩展了传输信号的带宽。一般伪噪声码的速率 $R_c=1/T_c$ 是 Mb/s 的量级，有的甚至达到几百 Mb/s。而待传输的信息流 $\{a_n\}$ 经编码器编码后的二进制数字信号的码速率 $R_b=1/T_b$ 较低，如数字话音信号一般为 16~32 kb/s，这就扩展了传输信号的带宽。

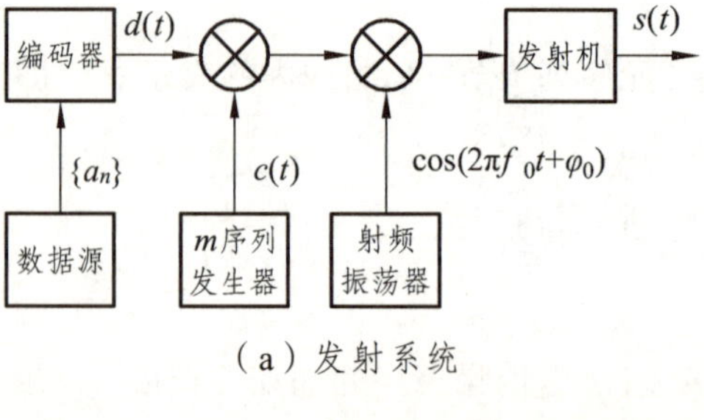

（a）发射系统

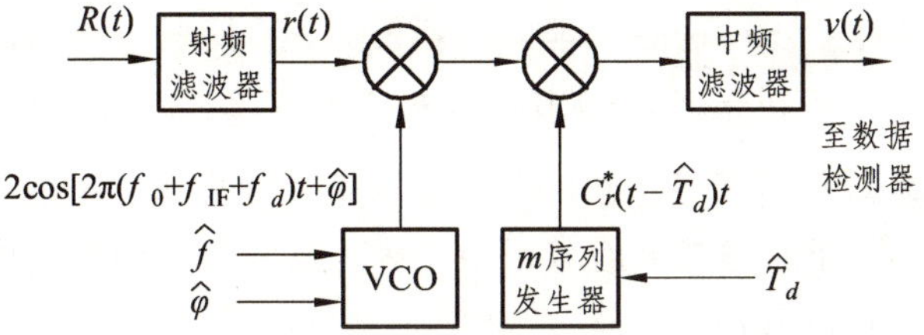

（b）接收系统

图 4-1　扩展频谱通信系统模型

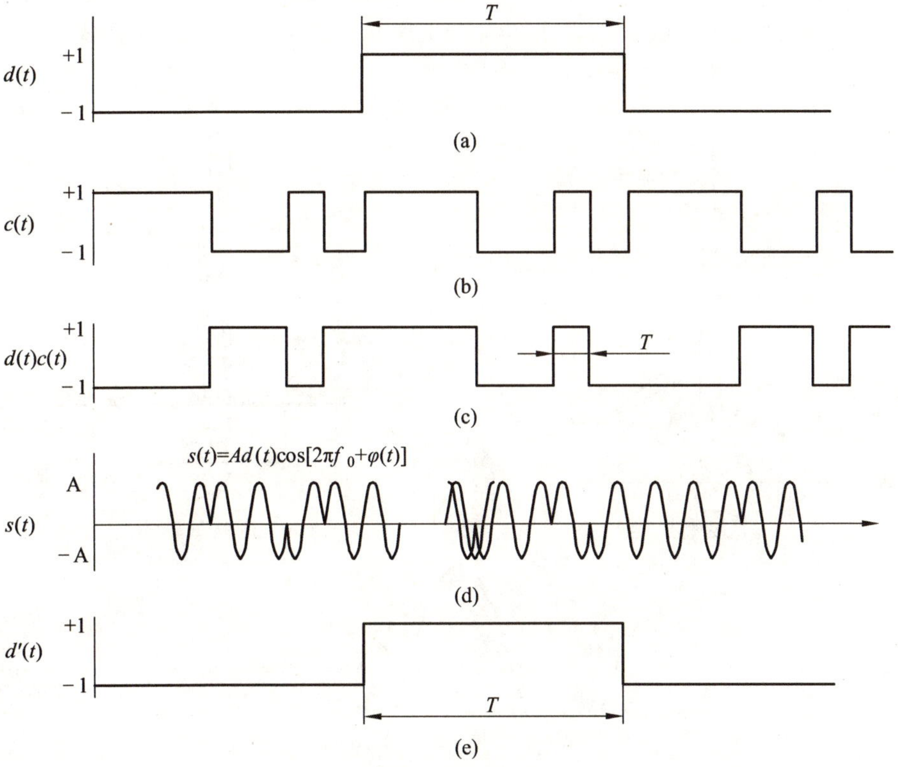

图 4-2　理想扩展频谱系统波形示意图

频谱扩展后的复合信号 $d(t)c(t)$ 对载波 $\cos(2\pi f_0 t)$（ f_0 为载波频率）进行调制（直接序列扩频一般采用 PSK 调制），然后通过发射机和天线送入信道中传输。发射机输出的扩频信号用 $s(t)$ 表示，其示意图如图 4-2（d）所示。扩频信号 $s(t)$ 的带宽取决于伪噪声码 $c(t)$ 的码速率 R_c 。在 PSK 调制的情况下，射频信号的带宽等于伪噪声码速率的 2 倍，即 $R_{RF}=2R_c$，而几乎与数字信号 $d(t)$ 的码速率无关。以上对待传输信号 $d(t)$ 的处理过程就是对信号 $d(t)$ 的频谱进行扩展的过程。经过上述过程的处理，达到了对 $d(t)$ 扩展频谱的目的。

在接收端用一个和发射端同步的参考伪噪声码 $c_r^*(t-\hat{T}_d)$ 所调制的本地参考振荡信号 $2\cos[2\pi(f_0+f_{\mathrm{IF}}+\hat{f}_d)t+\hat{\varphi}]$（$f_{\mathrm{IF}}$ 为中频频率），与接收到的 $s(t)$ 进行相关处理。相关处理是将两个信号相乘，然后求其数学期望（均值），或求两个信号瞬时值相乘的积分。

当两个信号完全相同时（或相关性很好），得到最大的相关峰值，经数据检测器恢复出发射端的信号 $d'(t)$。若信道中存在干扰，这些干扰包括窄带干扰、人为瞄准式干扰、单频干扰、多径干扰和码分多址干扰等，它们和有用信号 $s_1(t)$ 同时进入接收机，如图 4-3（a）所示。图 4-3 中，R_c 为伪噪声码速率，f_0 为载波频率，f_{IF} 为中频频率。

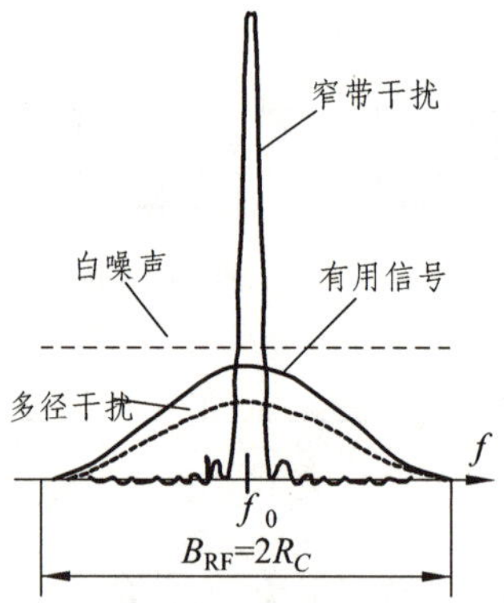

（a）接收机输入

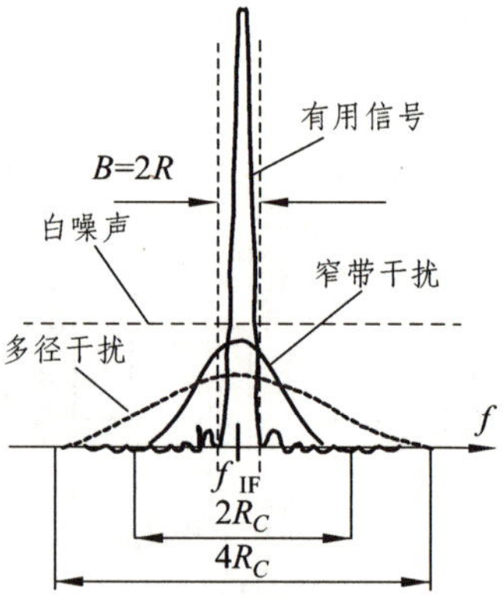

（b）混频器输出

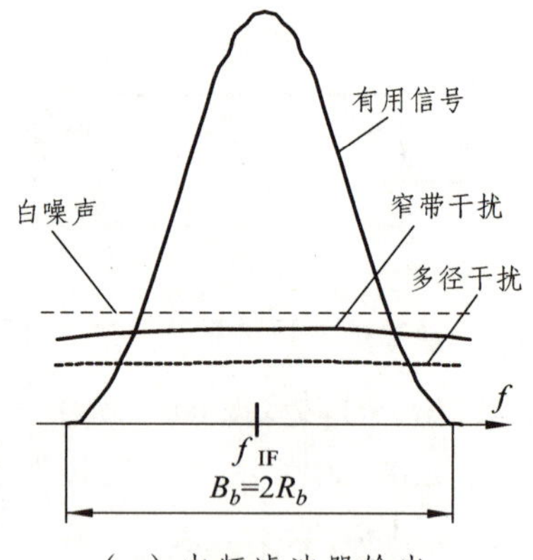

（c）中频滤波器输出

图 4-3　扩频接收机中各点信号的频谱示意图

由于窄带噪声和多径干扰与本地参考扩频信号不相关，所以在进行相关处理时被削弱，实际上干扰信号和本地参考扩频信号相关处理后，其频带被扩展，也就是干扰信号的能量被扩展到整个传输频带之内，降低了干扰信号的电平（单位频率内的能量或功率），如图 4-3（b）所示。由于有用信号和本地参考扩频信号有良好的相关性，在通过相关处理后被压缩到带宽为 $B_b = 2R_b$ 的频带内，因为相关器后的中频滤波器通频带很窄，通常为 $B_b = 2R_b$，所以中频滤波器只输出被基带信号 $d'(t)$ 调制的中频信号和落在滤波器通频带内的那部分干扰信号和噪声，而绝大部分的干扰信号和噪声的能量（功率）被中频滤波器滤除，这样就大大改善了系统的输出信噪比，如图 4-3（c）所示。为了对扩频通信系统的这一特性进行初步了解，下面以解扩前后信号功率谱密度示意图来说明这一问题。

假设有用信号的功率为 $P_1 = P_0$，码分多址干扰信号的功率 $P_2 = P_0$，多径干扰信号的功率 $P_3 = P_0$，其他进入接收机的干扰和噪声信号功率 $N = P_0$。再假设所有信号的功率谱是均匀分布在 $B_{\mathrm{RF}} = 2R_c$ 的带宽之内。解扩前的信号功率谱如图 4-4（a）所示，图中各部分的面积均为 P_0。解扩后的信号功率谱如图 4-4（b）所示，各部分的面积保持不变。通过相关解扩后，有用信号的频带被压缩在很窄的带宽内，能无失真地通过中频滤波器（滤波器的带宽为 $B_b = 2R_b$）。其他信号和本地参考扩频码无关，频带没有被压缩反而被展宽了，进入中频滤波器的能量很少，大部分能量落在中频滤波器的通频带之外，被中频滤波器滤除了。可以定性地看出，解扩前后的信噪比发生了显著的改变。

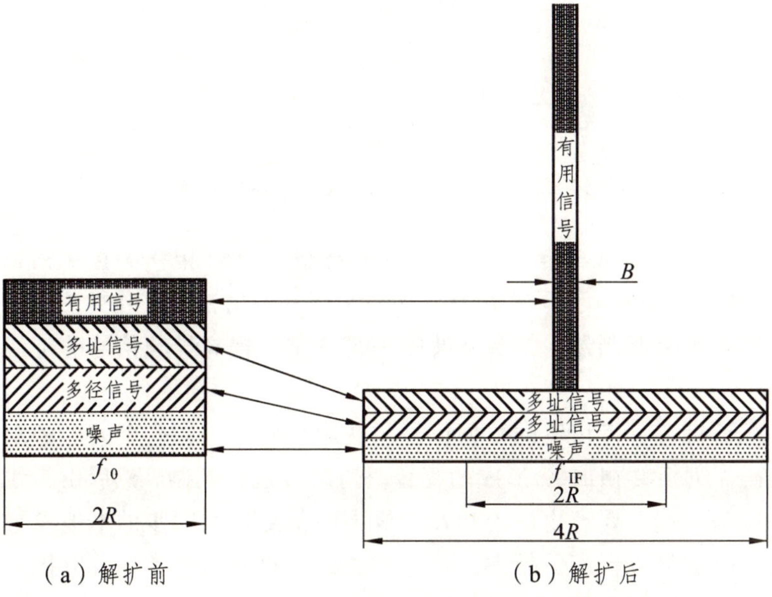

图 4-4　解扩前后信号功率谱密度示意图

直接序列扩展频谱系统（Direct Sequece Spread Spectrum Communication Systems，DS-SS），通常简称为直接序列系统或直扩系统，是用待传输的信息信号与高速率的伪随机码波形相乘后，去直接控制射频信号的某个参量，来扩展传输信号的带宽。用于频谱扩展的伪随机序列称为扩频码序列。直接序列扩展频谱通信系统的简化方框图如图 4-5 所示。

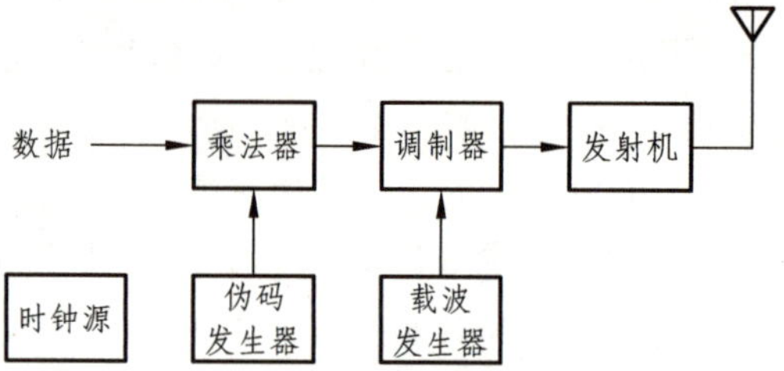

（a）发射系统

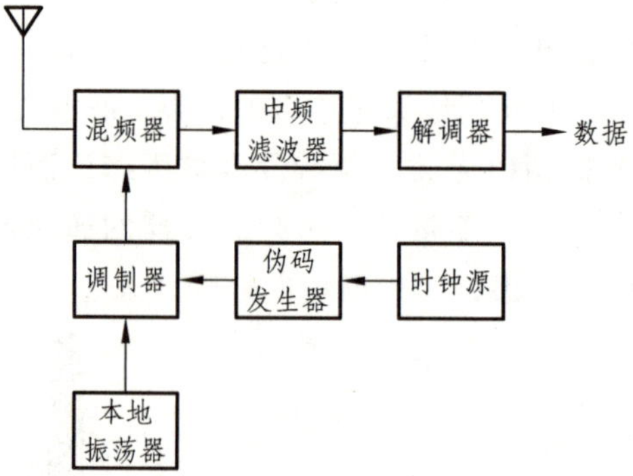

（b）接收系统

图 4-5　直接序列扩频通信系统简化图

在直接序列扩频通信系统中，通常对载波进行相移键控（Phase Shift Keying，PSK）调制。为了节约发射功率和提高发射机的工作效率，扩频通信系统常采用平衡调制器。抑制载波的平衡调制对提高扩频信号的抗侦破能力也有利。

在发信机端，待传输的数据信号与伪随机码（扩频码）波形相乘（或与伪随机码序列模 2 相加），形成的复合码对载波进行调制，然后由天线发射出去。在收信机端，要产生一个和发信机中的伪随机码同步的本地参考伪随机码，对接收信号进行相关处理，这一相关处理过程通常常称为解扩。解扩后的信号送到解调器解调，恢复出传送的信息。

4.4 复杂环境通信解决方案

当地理环境和电磁环境一定时，为了保证无线通信的稳定和可靠，并充分挖掘低电压微功率无线通信设备的潜力，又要做到经济实用，在本设计中，采取了以下措施：

1. 采用扩频通信技术及多信道信息传输技术的无线通信方式

扩频技术是将待传输信息信号与一个高速的伪随机码波形相乘后去直接控制射频载波的某一个参量，从而扩展了信号传输带宽的传输体制。扩频系统的实质就是先将信号的带宽展宽，然后送入信道传输，在接收端通过相关处理，将带宽恢复为原始信号的带宽，再解调出信号。DS 扩频系统的抗干扰能力和处理增益 G_P 成正比，扩频通信的频谱扩展得越宽，落入原始信号平频谱带内的干扰功率就越小，抗干扰能力就越强。

2. 提高天线的有效高度

提高天线的有效高度能显著扩大通信距离，特别是在施工梁场环境中，将天线设在设备顶部时能避开很多障碍并远离干扰源，从而扩大通信范围。

3. 采用高增益天线

天线是无源器件，其本身不能放大信号，但高增益天线能显著提高通信方向上的能量密度，提高信噪比，从而扩大通信范围，其作用就与手电筒或是探照灯上的聚光镜相似。

4. 减小射频电缆的长度

用于连接无线通信模块与室外天线的射频同轴电缆对射频信号也有一定的损耗。例如，50-3 型电缆的损耗为 0.2 dB/m，50-7 型电缆的损耗为 0.1 dB/m，50-9 型电缆的损耗为 0.07 dB/m。

电缆越长，损耗就越大，对所传输的射频信号的损耗的增大又会导致通信距离的缩短，所以必要时可将射频组件直接装在室外天线的底部，而射频组件与用户系统间的连线则采用多芯屏蔽电缆连接。

5. 增加信号滤波措施

距干扰源越近，信噪比就越低，也会导致通信距离缩短。系统中采取分别对数传模块和会产生电磁干扰的部件采取屏蔽措施，并用特性阻抗为 50 Ω 的射频同轴电缆将天线引到远离干扰源的地方，同时与射频组件相连的电源线、信号线也采用屏蔽电缆，并增加了滤波网络，以最大限度地抑制干扰，充分发挥了接收机高灵敏度的优势。

6. 设备结构防水、防潮处理

对于露天安装的射频组件，采取防水措施，以防下雨时雨水进入机器，防止机器进水和受潮，以免电路组件发霉、生锈而失效。

4.5 本章小结

本章详细地分析了隧道工程环境中无线通信的特点，提出了隧道工程环境的无线通信抗干扰设计方法以及无线通信距离的计算方法。同时，通过对现有的无线通信技术进行梳理分析，将扩频通信技术引入到隧道环境的无线通信当中，成功解决了隧道内中长距离无线通信问题，并针对隧道环境特点，提出了隧道复杂环境中 6 种无线通信增强措施。

【第 5 章】>>>>

监测数据处理方法

5.1　数据异常值的检验及剔除方法

施工隧道监测是现代隧道施工技术的重要内容，真实准确的监测数据是指导隧道进行安全施工的关键。在工程实践以及实验过程中，由于测量者的一时疏忽、读错、记错测量数据或者操作不当、仪器突然失常等主客观因素，都会使测量数据出现异常值，从而严重影响测量精度。因此，需要对测量数据的可信度进行评价，检测并剔除异常数据。

由于系统误差、人为误差或者固有数据的变异使得它们与总体的行为特征、结构或相关性等不一样，这部分数据称为异常值。判别测量数据中异常值的步骤是先要检验和分析原始数据的记录、操作方法、实验条件等，找出异常值出现的原因并予以剔除。判别异常值的准则有拉依达准则（3σ 准则）、格拉布斯准则、肖维勒准则、狄克逊准则等。

1. 拉依达准则

拉依达准则又称为 3σ 准则，是指先假设一组检测数据只含有随机误差，对其进行计算处理得到标准偏差，按一定概率确定一个区间，认为凡超过这个区间的误差，就不属于随机误差而是粗大误差。含有粗大误差的测量值称为异常值，应予以剔除。这种判别处理原理及方法仅局限于对正态或近似正态分布样本数据的处理，它是以测量次数充分大为前提的，当测量次数少时用该准则剔除粗大误差是不够可靠的。因此，在测量次数较少的情况下，最好不要选用该准则。

根据统计理论证明，使用拉依达准则判断异常值时，测量值的偏差超过 3 倍实验标准偏差的概率非常小（约为 1%），因此可以认为偏差超过 3σ 的测量值是应当剔除的异常数据。计算时，应先算出精度独立测量序列 $X_i(i=1,2,\cdots,n)$ 的平均值 $\bar{X}$ 及残余误差 $U_i = X_i - \bar{X}$ ，并按贝塞尔公式计算出该测量列的标准偏差 S，如果某测量值 X_d 的残余误差 $U_d = X_d - \bar{X}(1 \leqslant d \leqslant n)$ 满足式（5-1），则认为 X_d 是含有粗大误差的异常值，须剔除不要。该判别式即为拉依达准则。σ 为根据贝塞尔公式求得的测量数值的实验标准偏差。

$$|U_d| > 3S \tag{5-1}$$

拉依达准则以测量次数充分大为前提，实际测量中常以贝赛尔公式计算得到的 S 代替 σ ，以 X_m 代替真实值。对于某个可疑数据 X_m ，若满足

$$|V_m| = |X_m - \bar{X}| > 3S \tag{5-2}$$

其中 $S = \sqrt{\dfrac{\sum\limits_{i=1}^{n}(X_i - \bar{X})^2}{n-1}}$ ，则 X_m 含有粗大误差，应予以剔除。

2. 格拉布斯准则

格拉布斯准则应用的前提条件是认为随机样本来自正态总体，并服从正态分布。将 $Y_j\ (j=1,2,3,\cdots,n)$ 按它们的大小，从小到大的顺序排列，设 $Y_1 \leqslant Y_2 \leqslant \cdots \leqslant Y_n$ ，即 Y_1 最小， Y_n 最大。如果怀疑 Y_1 或者 Y_n 为异常数值，那么可以按以下方法进行判定。先求出它们的算术平均值 Y 和标准偏差 S，然后计算出统计量 g_j 与临界值 $g(\alpha, n)$ 进行比较判断，其中 n 为数据数目，α 为显著性水平，通常取 $\alpha = 0.05$ ，即取置信度（或称置信概率）为 95 %。表 5-1 列出了格拉布斯检验法的临界值 $g(0.05, n)$ 。

表 5-1　格拉布斯检验法的临界值 $g(0.05, n)$

n	3	4	5	6	7	8	9	10	11	12	13
g	1.15	1.46	1.67	1.82	1.94	2.03	2.11	2.18	2.23	2.29	2.33
n	14	15	16	17	18	19	20	25	30	40	50
g	2.37	2.41	2.44	2.47	2.50	2.53	2.56	2.66	2.75	2.87	2.96

式（5-3）~式（5-7）为数理统计有关公式。

$$\bar{y} = \frac{\sum\limits_{j=1}^{n} Y_j}{n} \tag{5-3}$$

$$s=\sqrt{\frac{1}{n-1}\sum_{j=1}^{n}\left(Y_j-\overline{Y}\right)^2} \tag{5-4}$$

当 $\left|Y_1-\overline{Y}\right|>\left|Y_n-\overline{Y}\right|$ 时

$$Y_j=Y_1 \tag{5-5}$$

当 $\left|Y_1-\overline{Y}\right|<\left|Y_n-\overline{Y}\right|$ 时

$$Y_j=Y_n \tag{5-6}$$

$$g_j=\frac{\left|Y_j-\overline{Y}\right|}{n} \tag{5-7}$$

首先将试验数据代入式（5-3）~式（5-7）中计算，然后将求得的 g_j 与表 5-1 格拉布斯临界值 $g(0.05,n)$ 进行比较。若 $g_j<g(0.05,n)$，认为不存在异常数据；若 $g_i\geqslant g(0.05,n)$，认为对应 Y_j 为异常数据。将异常试验数据剔除，则剩余 n-1 个数据，并重复以上步骤，再次判断，直到经过 m 次判断，得到无异常数据。但应指出的是，要对测试数据异常值进行详细分析，只有确定其是由于测量过失引起的误差，才能进行剔除处理。

3. 肖维勒准则

在统计理论中，肖维勒准则是评估一组实验数据（一组异常值）是否可能是虚假的一种手段。

肖维勒准则是找到一个以正态分布的均值为中心的概率带，它应该合理地包含数据集的所有 n 个样本。通过这样做，来自位于该概率带之外的 n 个样本的任何数据点可以被认为是异常值，从数据集中移除，并且可以计算基于剩余值和新样本大小的新的均值和标准偏差。

这种异常值的识别将通过找到与平均值（μ）周围的概率带边界相对应的标准偏差的数量，并将该值与可疑异常值与平均值之间的差值的绝对值进行比较来实现。

$$D_{\max}\geqslant\frac{|x-\mu|}{\sigma} \tag{5-8}$$

式中　$D_{\max}$——允许的最大偏差；

x——怀疑异常值；

μ——样本均值；

σ——样本标准差。

维勒准则以正态分布为前提。假设多次重复测量得 n 个监测数据，若数据残差 $|V_i|=|X_i-X|\geqslant Z_c\cdot S$，则为异常值剔除该数据，式中 Z_c 为肖维勒准则数，S 为标准差，X 为算术平均值，Z_c 与 n 的关系如表 5-2 所示。

表 5-2 肖维勒准则数 Z_c

n	3	4	5	6	7	8	9	10
Z_c	1.38	1.54	1.65	1.73	1.80	1.88	1.92	1.96
n	11	12	13	14	15	16	18	20
Z_c	2.00	2.03	2.07	2.10	2.13	2.15	2.20	2.24

4. 狄克逊准则

将 $X_j\,(j=1,2,3,\cdots,n)$ 按从小到大的顺序排列，设 $X_1\leqslant X_2\leqslant\cdots\leqslant X_n$，即 X_1 最小，X_n 最大。采用这一方法，不必计算算术平均值 X 和标准偏差 S，而是根据数目 n 的不同，计算出相应的 r 值。表 5-3 为狄克逊检验法的临界值 $r(0.05,n)$。

表 5-3 狄克逊临界值

n	3	4	5	6	7	8
r	0.941	0.765	0.642	0.560	0.507	0.554
n	9	10	11	12	13	
r	0.512	0.477	0.576	0.546	1.521	

当 $3\leqslant n\leqslant 7$ 时

$$r_{大}=\frac{X_n-X_{n-1}}{X_n-X_1} 或 r_{小}=\frac{X_2-X_1}{X_n-X_1} \tag{5-9}$$

当 $8\leqslant n\leqslant 12$ 时

$$r_{大}=\frac{X_n-X_{n-1}}{X_n-X_2} 或 r_{小}=\frac{X_2-X_1}{X_{n-1}-X_1} \tag{5-10}$$

当 $n\geqslant 13$ 时

$$r_{大}=\frac{X_n-X_{n-2}}{X_n-X_3} 或 r_{小}=\frac{X_3-X_1}{X_{n-2}-X_1} \tag{5-11}$$

将计算求得的$r_{大}$、$r_{小}$分别与表 5-3 查得的$r(0.05, n)$进行比较，如果$r_{大}$(或$r_{小}$)$> r(0.05, n)$，则最大（或最小）的试验数为异常值，不可信，并应剔除；如果$r_{大}$(或$r_{小}$)$< r(0.05, n)$，则最大（或最小）的试验数不是异常值，可信，并应保留。

5.2 一元数据处理方法

在解决实际问题的生产（或工程）实践和科学实验过程中，通常需要通过研究某些变量之间的函数关系来帮助人们认识事物的内在规律和本质属性，而这些变量之间的未知函数关系又常常隐含在通过试验、观测得到的一组数据之中。因此，能否根据一组试验观测数据找到变量之间相对准确的函数关系就成为解决实际问题的关键。

回归分析是处理变量之间的相关关系的一种数学方法，它是最常用的数理统计方法。回归分析根据试验数据估计回归函数；讨论回归函数中参数的点估计、区间估计；对回归函数中的参数或者回归函数本身进行假设检验；利用回归函数进行预测与控制等。

5.2.1 一元线性回归模型

当涉及一个变量时，称为一元回归，其一元线性回归模型是自变量 X 和因变量 Y 之间存在着一种线性关系，因而总体回归函数可写成

$$E(Y \mid X) = \beta_0 + \beta_1 X \tag{5-12}$$

式中，截距 β_0 与斜率 β_1 为总体参数，称为回归系数。截距 β_0 是 X 等于 0 时，因变量的平均值。特别注意的是，如果 X 的范围不包括 0，那么 β_0 没有实际含义；斜率 β_1 是 X 的一个单位变化引起的因变量均值的变化。其中变量 X、Y 分别称为回归变量与响应变量。

一般称

$$Y = \beta_0 + \beta_1 X + \varepsilon \tag{5-13}$$

确定的模型为一元线性回归模型。ε 为随机误差项，是一个不可观测的可正可负的随机变量。

总体回归模型的干扰项是随机变量，是理想模型中会影响 Y 的全部变量

的替代项。为了深刻领会线性回归模型，假设回归变量 X 的值为未定值，观察响应变量 Y 的相应值，X 为定值时，式（5-13）右边的随机项 ε 将决定 Y 的性质。设 ε 的均值和方差分别为 0 和 σ^2，那么对任意定值的回归变量 X，其相应变量 Y 的均值为

$$E(Y \mid X) = \mu_{Y|X} = E(\beta_0 + \beta_1 X + \varepsilon) = \beta_0 + \beta_1 X \tag{5-14}$$

同理对定值 X，其 Y 的方差为

$$Var(Y \mid X) = \sigma^2_{Y|X} = Var(\beta_0 + \beta_1 X + \varepsilon) = \sigma^2 \tag{5-15}$$

因此，实际的回归模型 $\mu_{Y|X}=\beta_0 + \beta_1 X$ 是一条直线，Y 的各均值都在这条直线上，也就是说，取任意定值的 X 所对应的回归直线的高度，恰好是那个 X 所对应的 Y 的期望值 1。斜率 β_1 可以解释为 X 变化一个单位时 Y 均值的变化量。此外，对一个特定取值的 ε，其 Y 的随机变化情况由模型误差项的方差 σ^2 决定，这意味着对于每一个 X，都存在 Y 的一个分布，每个 X 所对应的这个分布，其方差都是相同的。

5.2.2 模型参数的最小二乘估计

理论回归模型确定之后，就需要利用所搜集的样本数据对模型中的回归参数进行估计。模型参数估计的方法有很多，如最小二乘法、极大似然估计法、岭估计、主成分法、偏最小二乘法等。利用样本数据对模型的参数进行估计，依照不同的准则，采用不同的估计方法，可以获得不同的参数估计值，因而在模型 $y = \beta_0 + \beta_1 x + \varepsilon$ 中，β_0、β_1 的估计值 $\hat{\beta}_0$、$\hat{\beta}_1$ 不是唯一的，为了从样本数据中得到这些参数的最小无偏估计量，通常采用普通最小二乘法。

1. β_0 和 β_1 的估计

通常，真实的回归直线是观测不到的，需要收集样本估计出真实的回归直线。设估计的直线处于样本数据的中心位置，其方程为

$$\hat{Y}_i = \hat{\beta}_0 + \hat{\beta}_1 X_i \tag{5-16}$$

式中，$\hat{Y}_i$ 称为 Y_i 的拟合值，$\hat{\beta}_0$、$\hat{\beta}_1$ 分别为 β_0、β_1 的估计值；观测值到这条直线的纵向距离用 $\hat{u}_i$ 表示，称为残差。那么估计的模型为

$$Y_i = \hat{Y}_i + \hat{u}_i = \hat{\beta}_0 + \hat{\beta}_1 X_i + \hat{u}_i \tag{5-17}$$

估计并确定回归线时，通常希望所确定直线的位置是残差最小，这包括三种情况：其一，用“残差之和最小”为标准，但可能会出现计算的“残差和”存在正负残差相互抵消的问题；其二，用“残差绝对值之和最小”为标准，但绝对值的计算比较麻烦且其代数性质不好；其三，以“残差平方之和为最小”为标准，这是最小二乘法的基本准则，得到的估计量具有优良特性。具体来说，若用 Q 表示残差平方和，则有

$$Q = \sum_{i=1}^{n} \hat{u}_i = \sum_{i=1}^{n} \left(Y_i - \hat{Y}_i \right)^2 = \sum_{i=1}^{n} \left(Y_i - \hat{\beta}_0 - \hat{\beta}_1 X_i \right)^2 \tag{5-18}$$

若通过 Q 达到最小来确定这条直线，确定 $\hat{\beta}_0$ 和 $\hat{\beta}_1$ 的估计值，需要以 $\hat{\beta}_0$ 和 $\hat{\beta}_1$ 为变量，对 $\hat{\beta}_0$ 和 $\hat{\beta}_1$ 进行求极值。

将式（5-18）分别对 β_0、β_1 求偏导，并令两式为 0 可得

$$\begin{cases} \dfrac{\partial Q}{\partial \beta_0} = -2\sum\limits_{i=1}^{n} \left(y_i - \beta_0 - \beta_1 x_i \right) = 0 \\ \dfrac{\partial Q}{\partial \beta_1} = -2\sum\limits_{i=1}^{n} \left(y_i - \beta_0 - \beta_1 x_i \right) = 0 \end{cases} \tag{5-19}$$

化简这两个方程式，可得

$$\begin{cases} n\hat{\beta}_0 + \hat{\beta}_1 \sum\limits_{i=n}^{n} X_i = \sum\limits_{i=n}^{n} Y_i \\ \hat{\beta}_0 \sum\limits_{i=n}^{n} X_i + \hat{\beta}_1 \sum\limits_{i=n}^{n} X_i^2 = \sum\limits_{i=n}^{n} Y_i X_i \end{cases} \tag{5-20}$$

式（5-19）称为最小二乘正规方程，其解为

$$\hat{\beta}_0 = \overline{Y} - \beta_1 \overline{X} \tag{5-21}$$

以及

$$\hat{\beta}_1 = \frac{\sum\limits_{i=1}^{n} Y_i X_i - \dfrac{\left(\sum\limits_{i=1}^{n} X_i \right)\left(\sum\limits_{i=1}^{n} Y_i \right)}{n}}{\sum\limits_{i=1}^{n} X_i^2 - \dfrac{\left(\sum\limits_{i=1}^{n} X_i \right)^2}{n}} \tag{5-22}$$

式中，$\bar{Y}_i$ 为 Y_i 的平均值，即 $\bar{Y}=\frac{1}{n}\sum_{i=1}^{n}Y_i$；$\bar{X}_i$ 为 X_i 的平均值，即 $\bar{X}=\frac{1}{n}\sum_{i=1}^{n}X_i$。

为了方便记忆，引入下列记号：

$$S_{xx}=\sum_{i=1}^{n}X_i^2-\frac{\left(\sum_{i=1}^{n}X_i\right)^2}{n}=\sum_{i=1}^{n}\left(X_i-\bar{X}\right)^2 \tag{5-23}$$

$$S_{xy}=\sum_{i=1}^{n}Y_iX_i-\frac{\left(\sum_{i=1}^{n}Y_i\right)\left(\sum_{i=1}^{n}X_i\right)}{n}=\sum_{i=1}^{n}Y_i\left(X_i-\bar{X}\right) \tag{5-24}$$

因此，方便起见，将式（5-22）记为

$$\hat{\beta}_1=\frac{S_{xy}}{S_{xx}} \tag{5-25}$$

这样，在一元线性回归分析中，会有以下 4 个模型：

① 真实的统计模型：$Y=\beta_0+\beta_1X+\varepsilon$；

② 估计的统计模型：$Y_i=\hat{\beta}_0+\hat{\beta}_1X_i+\hat{u}_i$；

③ 真实的回归直线：$E(Y)=\beta_0+\beta_1X$；

④ 估计的回归直线：$\hat{Y}_i=\hat{\beta}_0+\hat{\beta}_1X_i$。

（1）$\hat{\beta}_1$ 的方差与标准误差。

按方差定义：

$$\begin{aligned}
Var\left(\hat{\beta}_1\right)&=E\left[\hat{\beta}_1-E\left(\hat{\beta}_1\right)\right]^2\\
&=E\left(\hat{\beta}_1-\beta_1\right)^2\\
&=E\left(\sum k_iY_i-\beta_1\right)^2\\
&=E\left(\beta_0\sum k_i+\beta_1\sum k_iX_i+\sum k_i\varepsilon_i-\beta_1\right)^2\\
&=\left(\sum k_i\varepsilon_i\right)^2\\
&=E\left(k_1^2\varepsilon_1^2+k_2^2\varepsilon_2^2+\cdots+k_n^2\varepsilon_n^2+2k_1k_2\varepsilon_1\varepsilon_2+\cdots+2k_{n-1}k_n\varepsilon_{n-1}\varepsilon_n\right)
\end{aligned}$$

由于 $E(\varepsilon_1^2)=\sigma^2$，且 $E(\varepsilon_i\varepsilon_j)=0$（$i\neq j$），因而，$Var(\hat{\beta}_0)=\sigma^2\sum k_i^2=\frac{\sigma^2}{\sum x_i^2}$。

这样 $\hat{\beta}_1$ 的标准误差为 $S_e(\hat{\beta}_1)=\dfrac{\sigma}{\sqrt{\sum x_i^2}}$。

（2）$\hat{\beta}_0$ 的方差与标准误差。

按照上面同样的推导过程可以得到 $\hat{\beta}_0$ 的方差与标准误差：

$$Var\left(\hat{\beta}_0\right)=\frac{\sum X_i^2}{n\sum x_i^2}\sigma^2 \tag{5-26}$$

$$Se\left(\hat{\beta}_0\right)=\sqrt{\frac{\sum X_i^2}{n\sum x_i^2}}\sigma \tag{5-27}$$

2. σ^2 的最小二乘估计量

除了估计 β_0 与 β_1 之外，假设检验以及构造与回归模型有关的区间都需要 σ^2 的估计值。通过残余平方和或剩余平方和的方法求得 σ^2 的估计值，即

$$Q_e=\sum_{i=1}^{n}\left(Y_i-\hat{\beta}_0-\hat{\beta}_1X_i\right)^2=\sum_{i=1}^{n}\left(Y_i-\overline{Y}_i\right)^2 \tag{5-28}$$

称 Q_e 为残差平方和或剩余平方和。

将 $\hat{Y}_i=\hat{\beta}_0+\hat{\beta}_1X_i$ 代入式（5-28）求得便于计算的 Q_e 公式，即

$$Q_e=\sum_{i=1}^{n}Y_i^2-n\overline{Y}^2-\hat{\beta}_1S_{xy} \tag{5-29}$$

而 $\sum_{i=1}^{n}Y_i^2-n\overline{Y}^2=\sum_{i=1}^{n}\left(Y_i-\overline{Y}\right)^2\equiv SS_{总}$，所以 $Q_e=SS_{总}-\hat{\beta}_1S_{xy}$。

残差平方和有 $n-2$ 个自由度，可以证明 Q_e 的期望值为 $E(Q_e)=(n-2)\sigma^2$。所以 σ^2 的无偏估计量为

$$\hat{\sigma}^2=\frac{Q_e}{n-2}=Q_{se} \tag{5-30}$$

式中，Q_{se} 为残差均方，$\hat{\sigma}^2$ 的平方根有时称为回归标准差，回归标准误差与响应变量 Y 具有相同的单位。

3. 最小二乘估计的基本假定

在确定模型参数的估计值时，首先是要对 Y 值的产生方式做出某些假设，

除非知道 X 和 ε 的产生方式，否则将无法对 Y 的产生方式作出任何统计推断，也不能对 β_0 与 β_1 作出任何推断。因此，为了有效地解释回归估计，对 X 和 ε 作出假设是十分必要的。经典线性回归模型有如下基本假设：

（1）线性回归模型假定，即回归模型对参数而言是线性的，利用普通最小二乘法可得到性质优良的参数估计的基本假定。

（2）重复抽样 X 值是固定的并假设 X 是非随机的。

（3）随机干扰项 ε 的均值为 0，即对给定的 X_i 值，有 $E\left(\varepsilon_i \mid X_i\right)=0$；其含义是对应给定的 X 的每一个 Y 值都是围绕其均值分布的，一些 Y 值位于均值之上，另一些 Y 值则于均值之下。离开均值的上方和下方的距离就是 ε_i，随机干扰项 ε_i 的均值为零是指对应任何给定的 X、Y 与 Y 的估计值离差的均值应等于零。

（4）同方差性或 ε_i 的方差相等，即给定 X 值，对所有的观测值来说，ε_i 的方差都是相同的。

（5）各个干扰项之间无自相关性，即给定任意两个 X 值 X_i 和 $X_j(i \neq j)$，ε_i 和 ε_j 之间的相关系数为 0。用符号表示为 $Cov(\varepsilon_i,\varepsilon_j \mid X_i,X_j)=0$。

（6）ε_i 和 X_i 的协方差为零，即 $Cov\left(\varepsilon_i,X_i\right)=E\left(\varepsilon_i,X_i\right)=0$。

（7）样本数据的观测量 n 必须大于待估计参数的个数。

（8）X 值的变异性，即在一个给定的样本中，X 值不可以全相同，用专门的术语说，$Var(X)$ 必须是一个有限的正数。如果全部 X 值相同，则 $X_i=\bar{X}$，从而无法估计 β_1，也就无法估计 β_0。

（9）正确地设定回归模型，也就是说，在经验分析中所用的模型都没有设定偏差，包括变量的设定和回归模型形式的设定等。

5.2.3 回归的显著性检验

通常得到一个实际问题的经验回归方程后，还必须对这种线性回归方程同实际观测数据拟合的效果进行检验。对回归方程进行评价与检验主要基于以下原因：

（1）在利用样本数据估计回归模型时，假设变量 Y 和 X 之间存在线性关系，这种假设在实际中是否真的存在需要利用样本数据进行检验。

（2）回归方程是否能真正描述变量 Y 和 X 之间的统计规律性，Y 的变化能否通过模型中的自变量去解释等问题是否需要进行检验。

（3）回归模型的拟合效果，即用 X 去解释 Y 的变化的程度如何。

（4）在进行检验时，常用 F 检验、t 检验和方差分析三种方法对回归方程进行检验。

1. t 检验法

在统计上，假设检验本质上就是分析本数据或实际观测值是否与假设相符，并得出结论。所谓相符，就是与提出的假设或说法足够相近。t 检验是统计推断中常用的一种检验方法，在回归分析中，t 检验主要用于检验回归系数的显著性，即自变量对因变量的影响在统计上是否显著。

假设希望检验斜率等于常数，称这一假设为 β_{10}，恰当的假设为

$$H_0:\beta_1=\beta_{10}, \quad H_0:\beta_1\neq\beta_{10} \tag{5-31}$$

式中设定了一个双侧检验，由于误差 ε_i 服从 $NID(0,\sigma^2)$ 分布，所以观测值 y_i 服从 $NID(\beta_0+\beta_1 x_i,\sigma^2)$ 分布。$\hat{\beta}_1$ 是观测值的线性组合，可以得出 $\hat{\beta}_1$ 的均值与方差，$\hat{\beta}_1$ 服从均值 β_1，方差为 σ^2/S_{xx} 的正态分布，因此如果假设 $H_0:\beta_1=\beta_{10}$ 为真，那么统计量为

$$Z_0=\frac{\hat{\beta}_1-\beta_{10}}{\sqrt{\sigma^2/S_{xx}}} \tag{5-32}$$

Z_0 服从 $N(0,1)$ 分布，如果 σ^2 已知，就能使用 Z_0 检验假设方程（5-32）。Q_{se} 是 σ^2 的无偏量估计值，Q_{se} 服从 χ^2_{n-2} 分布且 Q_{se} 与 $\hat{\beta}_1$ 独立。给出 t 统计量的定义为

$$t_0=\frac{\hat{\beta}_1-\beta_{10}}{\sqrt{Q_{se}/S_{xx}}} \tag{5-33}$$

如果假设 $H_0:\beta_1=\beta_{10}$ 为真，那么 t_0 服从 t_{n-2} 分布。

2. F 检验法

回归方程线性关系的检验称为 F 检验，它检验自变量 X 和因变量之间的线性关系是否显著，或者说，它们之间能否用一个线性模型 $Y=\beta_0+\beta_1 X+\varepsilon$ 来表示。F 检验是根据平方和分解式，直接从回归效果检验回归方程的显著性。如果是显著的，则说明回归方程的线性关系存在；如果不显著，则说明回归

方程的线性关系不存在。检验的具体步骤如下：

首先，提出假设：

$H_0: \beta_1 = 0$（回归方程的线性关系不显著）

$H_0: \beta_1 \neq 0$

然后，计算检验统计量：

$$F = \frac{SSR/P}{SSE/(n-p-1)} \tag{5-34}$$

可以证明，在原假设成立的情况下，F 检验统计量服从 F 分布，第一自由度为 p（自变量的个数），第二自由度为 $n-p-1$（n 为观测数据量），即 $F \sim F(p, n-p-1)$。

在确定显著性水平 α 时，若检验统计量的数值大于 $F_\alpha(p, n-p-1)$，则拒绝原假设，说明回归方程的线性关系存在。

若伴随概率（p 值或显著性水平值）小于事前确定的显著性水平 α，则可拒绝原假设，认为 β_1 不为零，即回归方程的线性关系存在。

在一元线性回归分析时，t 检验与 F 检验的结果是一致的。

5.2.4 简单线性回归的区间估计

1. β_0、β_1 和 σ^2 的置信区间

除了 β_0、β_1 和 σ^2 的点估计以外，也可以获得这些参数的置信区间估计，置信区间的宽度度量了回归直线的整体拟合质量。如果误差服从正态分布且独立，那么两个抽样分布 $(\hat{\beta}_1-\beta_1)/Se(\hat{\beta}_0)$ 和 $(\hat{\beta}_0-\beta_0)/Se(\hat{\beta}_0)$ 均为自由度为 $n-2$ 的 t 分布，因此，斜率 β_1 的 $100(1-\alpha)\%$ 置信区间由式（5-35）给出。

$$\hat{\beta}_1 - t_{\alpha/2,n-2}Se(\hat{\beta}_0) \leqslant \hat{\beta}_1 \leqslant \hat{\beta} + t_{\alpha/2,n-2}Se(\hat{\beta}_0) \tag{5-35}$$

截距 β_0 的 $100(1-\alpha)\%$ 置信区间由式 5-36 给出。

$$\hat{\beta}_0 - t_{\alpha/2,n-2}Se(\hat{\beta}_0) \leqslant \hat{\beta}_0 \leqslant \hat{\beta}_0 + t_{\alpha/2,n-2}Se(\hat{\beta}_0) \tag{5-36}$$

给出这两个置信区间的通常统计解释，即如果对同一个 X，水平重复收集相同大小的样本，并对每个样本的斜率构造置信区间（比如 95%置信区间），那么这些区间中有 95%将包含 β_1 的真实值。

如果误差服从正态分布且独立，可证明 $(n-2)Q_{se}/\sigma^2$ 的抽样分布为自由度 $n-2$ 的卡方分布，因此有

$$p\left\{\chi^2_{1-\alpha/2,n-2} \leqslant \frac{(n-2)Q_{se}}{\sigma^2} \leqslant \chi^2_{\alpha/2,n-2}\right\} = 1-\alpha \tag{5-37}$$

因此，σ^2 的 $100(1-\alpha)\%$ 置信区间为

$$\frac{(n-2)Q_{se}}{\chi^2_{\alpha/2,n-2}} \leqslant \sigma^2 \leqslant \frac{(n-2)Q_{se}}{\chi^2_{1-\alpha/2,n-2}} \tag{5-38}$$

2. 响应变量均值的区间估计

令 X 为回归变量的水平，希望估计的响应变量均值为 $E(Y \mid X_0)$。假设 X_0 为取任意值的回归变量，其位于用于拟合模型的 X 的原始数据的范围内，由模型拟合得到的 $E(Y \mid X_0)$ 的无偏点估计为

$$\hat{E}(Y \mid X_0) = \mu_{Y|X_0} = \hat{\beta}_0 + \hat{\beta}_1 X_0 \tag{5-39}$$

为了得到 $E(Y \mid X_0)$ 的 $100(1-\alpha)\%$ 置信区间，首先注意因为 $\hat{\mu}_{Y|X_0}$ 是观测值 Y_i 的线性组合，所以 $\hat{\mu}_{Y|X_0}$ 是服从正态分布的随机变量。由于 $Cov(\bar{Y},\hat{\beta}_1)$，所以 $\hat{\mu}_{Y|X_0}$ 的方差为

$$\begin{aligned} Var(\hat{\mu}_{Y/X_0}) &= Var(\hat{\beta}_0 + \hat{\beta}_1 X_0) \\ &= Var\left[\bar{Y} + \hat{\beta}_1 (X_0 - \bar{X})\right] \\ &= \frac{\sigma^2}{n} + \frac{\sigma^2 (X_0 - \bar{X})^2}{S_{xx}} \\ &= \sigma^2 \left[\frac{1}{n} + \frac{(X_0 - \bar{X})^2}{S_{xx}}\right] \end{aligned} \tag{5-40}$$

因此，可得式（5-41）的抽样分布为自由度为 $n-2$ 的 t 分布。

$$\frac{\hat{\mu}_{Y|X_0} - E(Y \mid X_0)}{\sqrt{Q_{se}(1/n + (X_0 - \bar{X})^2/S_{xx})}} \tag{5-41}$$

因此，在点 $X = X_0$ 处响应变量均值的 $100(1-\alpha)\%$ 置信区间为

$$\hat{\mu}_{Y|X_0} - t_{\alpha/2,n-2}\sqrt{Q_{se}\left[\frac{1}{n}+\frac{(X_0-\bar{X})}{S_{xx}}\right]} \leqslant E(Y \mid X_0) \leqslant \hat{\mu}_{Y|X_0} + t_{\alpha/2,n-2}\sqrt{Q_{se}\left[\frac{1}{n}+\frac{(X_0-\bar{X})}{S_{xx}}\right]} \tag{5-42}$$

注意，$E(Y \mid X_0)$置信区间的宽度是X_0的函数。置信区间的宽度在$X_0=\bar{X}$处有最小值，并随着$\left|X_0-\bar{X}\right|$的增加而变宽，直觉上这是合理的，正如所期望的那样，Y的最佳估计值由靠近数据中心的X值得到，而估计的精确性随着向X边界的移动而变差。

5.2.5 一元线性回归的应用

1. 结构分析

若估计一元线性回归模型：$\hat{Y}=\hat{\beta}_0+\hat{\beta}_1 X$，便可以直接利用回归系数的估计值$\beta_1$说明$Y$与$X$之间存在的数量依存关系，并通过对回归系数的统计检验，对某种事先的假设进行实证分析。这里回归系数β_1的含义是当自变量X变化一个单位时，Y相应地平均变动β_1个单位。

对回归方程进行检验，除可以检验X与Y之间是否存在显著的线性关系（即H_0：β_1=0）外，还可进一步验证两者之间的关系是正向的依存关系还是负向的依存关系（H_0：$\beta_1>0$或H_0：$\beta_1<0$）。此外，还可以就β_1是否为某一水平的假设进行实证，具体做法如下：

（1）首先提出假设，即

$$H_0: \beta_1=\beta_0$$

$$H_0: \beta_1 \neq \beta_0$$

（2）然后构造检验统计量$t=\dfrac{\hat{\beta}_1-\beta_{10}}{\sqrt{Var\left(\hat{\beta}_1\right)}}$，其中$\sqrt{Var\left(\hat{\beta}_1\right)}$为回归系数的标准误差。

当确定显著性水平为α时，若$|t| \geqslant t_{\alpha/2}$则拒绝原假设，认为$\beta_1 \neq \beta_{10}$；否则，不能拒绝原假设。或者若伴随概率（$P$值或显著性水平）小于事先确定的显著性水平$\alpha$，则拒绝原假设，认为$\beta_1 \neq \beta_{10}$；否则，不能拒绝原假设。

对此也可以采用 β_1 的区间估计，看所做 β_{10} 的假设是否在 β_1 的区间估计范围之内。例如 α=0.05 时，β_1 的区间估计为 $\hat{\beta}_1 \pm 2 = \frac{\sigma}{\sqrt{\sum x_i^2}}$，若所做的假设 β_{10} 在这一范围内，则不拒绝原假设；否则拒绝原假设，即有充分的理由说明假设或先验的看法是有问题的。

2. 预　测

进行回归分析、建立回归模型的主要目的之一是进行预测，即根据 X 的未来值预测相应的 Y 的水平值，对 Y 的预测包括点预测和区间预测。

（1）点预测。

点预测就是用单个值作为 Y 的预测值，即当 $X = X_0$ 时，将 X_0 代入估计的回归方程中得到 Y 的点预测值，即 $\hat{Y}_0 = \hat{\beta}_0 + \hat{\beta}_1 X_0$。$Y$ 的点预测值 $\hat{Y}_0$，其实质是当 $X = X_0$ 时，Y 的平均水平的预测值。

（2）区间预测。

点预测值毕竟是预测 Y 的一个平均水平的预测值，一般来说，不能期望点预测值 $\hat{Y}_0$ 精确地等于平均值。因此，在实际应用中，往往需要在一定置信度的基础上得到 Y 的某一个可能的区间，即区间预测。区间预测通常包括平均值的预测区间和个别值的预测区间。

① 平均值的置信区间。

平均值的预测区间是对 X 的一个给定值 $X = X_0$，计算出 $\hat{Y}_0$，并用 $\hat{Y}_0$ 推断 $E(\hat{Y}_0)$ 的区间。根据参数估计的基本原理，Y 的平均值的置信区间等于点预测值±估计误差，即 $\hat{Y}_0 \pm E$ 是由所要求的置信水平的分位数值和点预测值 $\hat{Y}_0$ 的标准误差构成的。用 $S_{\hat{Y}_0}$ 表示 $\hat{Y}_0$ 的标准差的估计量，统计证明，在求 Y 的平均值的置信区间时，$S_{\hat{Y}_0}$ 的计算公式为

$$S_{\hat{Y}_0} = S_e \sqrt{\frac{1}{n} + \frac{\left(X_0 - \bar{X}\right)}{\sum \left(X_i - \bar{X}\right)^2}} \tag{5-43}$$

其中，S_e 是回归方程的估计标准误差，即

$$S_e = \sqrt{\frac{\sum \left(Y - \hat{Y}\right)^2}{n-2}} \tag{5-44}$$

因此，对于给定的 $X=X_0$，平均值 $E(Y_0)$ 在 $1-\alpha$ 置信水平下的置信区间为

$$\hat{Y}_0 \pm t_{\alpha/2} S_e \sqrt{\frac{1}{n}+\frac{\left(X_0-\bar{X}\right)^2}{\sum\left(X_i-\bar{X}\right)^2}} \tag{5-45}$$

当 $X_0=\bar{X}$ 时，$\hat{Y}_0$ 的标准误差的估计量最小，此时有 $S_{\hat{Y}_0}=S_e\sqrt{\dfrac{1}{n}}$。这就是说，当 $X_0=\bar{X}$ 时，估计是最准确的。X_0 偏离 X 越远，Y 的平均值的置信区间就变得越宽，预测的效果越差。

② 个别值的预测区间。

个别值的预测区间是对 X 的一个给定值 $X=X_0$，求出 Y 的一个个别值（而不是 Y 的均值）的估计区间。与均值的置信区间类似，Y 的个别值的预测区间等于点估计值 ± 估计误差，即 $\hat{Y}_0+E$ 是由所要求的置信水平的分位数值和点预测值 $\hat{Y}_0$ 的标准误差构成的。用 S_{ind} 表示 Y 的一个个别值 $\hat{Y}_0$ 的标准差的估计量。统计证明，S_{ind} 的计算公式为

$$S_{\text{ind}}=S_e\sqrt{1+\frac{1}{n}+\frac{\left(X_0-\bar{X}\right)^2}{\sum\left(X_i-\bar{X}\right)^2}} \tag{5-46}$$

因此，对于给定的 $X=X_0$，Y 的一个个别值 Y_0。在 $1-\alpha$ 置信水平下的预测区间为

$$\hat{Y}_0 \pm t_{\alpha/2} S_e \sqrt{1+\frac{1}{n}+\frac{\left(X_i+\bar{X}\right)^2}{\sum\left(X_i-\bar{X}\right)^2}} \tag{5-47}$$

同样，当 $X=\bar{X}$ 时，估计是最准确的，而当 X_0 偏离 $\bar{X}$ 越远，Y 的个别值的预测区间就变得越宽，预测的效果越差。

3. 控　制

控制可以认为是预测的反向问题。在许多问题中，人们会要求或希望 Y 会达到一定的水平，比如在研究市场消费问题时，希望居民人均消费支出达到人均 2 800 元，在控制通货膨胀问题中，希望零售物价指数控制在 5%以内等。

在利用回归模型预测时，利用 X 去预测 Y，所使用的统计估计表达式为

$$p\left[\hat{Y}_0 - t_{\alpha/2}S_e\sqrt{\frac{1}{n}+\frac{\left(X_0-X\right)^2}{\sum\left(X_i-\bar{X}\right)^2}} < Y < \hat{Y}_0 + t_{\alpha/2}S_e\sqrt{\frac{1}{n}+\frac{\left(X_0-X\right)^2}{\sum\left(X_i-\bar{X}\right)^2}}\right] = 1-\alpha \tag{5-48}$$

$$P\left(\hat{Y}_0 - t_{\alpha/2}\hat{\sigma} < Y < \hat{Y}_0 - +t_{\alpha/2}\hat{\sigma}\right) = 1-\alpha \tag{5-49}$$

简写为 $P\left(T_1 < Y < T_2\right) = 1-\alpha$。

然而如何控制自变量 X 值才能以 $1-\alpha$ 的置信度将目标值 Y 控制在 $T_1 < Y < T_2$ 的范围内。为此，可以利用上面的预测区间近似地来确定 X。

如果 $a = 0.05$，可由下面的不等式组求出 X 的取值区间。

$$\begin{cases}\hat{Y}\left(X\right) - 2\hat{\sigma} > T_1 \\ \hat{Y}\left(X\right) + 2\hat{\sigma} > T_2\end{cases} \tag{5-50}$$

将 $\hat{Y}\left(X\right) = \hat{\beta}_0 + \hat{\beta}_1 X$ 代入式（5-50），求得

$$\begin{cases}\dfrac{T_1 + 2\hat{\sigma} - \hat{\beta}_0}{\hat{\beta}_1} < X < \dfrac{T_1 - 2\hat{\sigma} - \hat{\beta}_0}{\hat{\beta}_1} \\ \dfrac{T_1 - 2\hat{\sigma} - \hat{\beta}_0}{\hat{\beta}_1} < X < \dfrac{T_1 + 2\hat{\sigma} - \hat{\beta}_0}{\hat{\beta}_1}\end{cases} \tag{5-51}$$

利用回归模型进行预测与控制，应要求因变量 Y 与自变量 X 之间存在因果关系，若只控制某一与 Y 存在相关关系的自变量 X，而忽视与 Y 存在因果关系的变量，则很可能无法达到预期的效果。

5.3 多元数据处理方法

一元线性回归分析中，关注和研究的只是因变量 Y 与一个自变量 X 之间的线性回归问题。这是回归分析的一种特例，它通常是对 Y 影响的许多因素进行了充分简化考虑之后的结果，是回归分析方法论的基础。但是，在实际

分析时，研究的问题往往要复杂一些，需要考虑多个自变量，这时就需要用多元回归分析方法进行处理。

多元回归分析是研究两个或两个以上的自变量与一个因变量之间的数量依存关系，并用回归模型进行描述与分析。多元线性回归分析的基本原理与一元线性回归类似。

5.3.1 多元线性回归模型

包含多于一个回归变量的回归模型称为多元回归模型。对 n 个样本，分别收集其因变量和 p 个自变量的数据，用 Y 表示因变量，用 $X_1,X_2,\cdots,X_p$（p 表示自变量的个数）表示自变量，样本数据的排列形式如表 5-4 所示。

表 5-4　多元变量的数据结构

样本序号	变量及数据					
	Y	X_1	X_2	X_3	$\cdots$	X_p
1	Y_1	X_{11}	X_{12}	X_{31}	$\cdots$	X_{1p}
2	Y_2	X_{21}	X_{22}	X_{32}	$\cdots$	X_{2p}
3	Y_3	X_{31}	X_{32}	X_{33}	$\cdots$	X_{3p}
$\vdots$	$\vdots$	$\vdots$	$\vdots$	$\vdots$	$\vdots$	$\vdots$
N	Y_n	X_{n1}	X_{n2}	X_{n3}	$\cdots$	X_{np}

在这个变量数据结构的表示中，X_i 为第 i 个样本第 j 个变量的值。当 $p=1$ 时，该回归称为一元回归；当 $p>1$ 时，该回归称为多元回归。

在多元回归分析中，常用的是多元线性回归模型，其一般形式为

$$Y=\beta_0+\beta_1X_1+\beta_2X_2+\cdots+\beta_pX_p+\varepsilon \tag{5-52}$$

其中，β_0，β_1，β_2，$\cdots$，β_p 是 $p+1$ 个未知参数，β_0 是回归方程的常数项，这一模型描述了回归变量 X_j 组成的 p 维空间的一个超平面，参数 β_j 表示当其他所有回归变量 X_j 都保持不变时，X_j 每变化一个单位，相应变量 Y 均值的变化的期望值，β_1，β_2，$\cdots$，β_p 称为偏回归系数，ε 是随机误差项。多元线性回归模型通常作为经验模型或逼近函数使用，也就是说，Y 与 $X_1,X_2,\cdots,X_p$ 之间的真实函数关系是未知的，但在确定的回归变量范围内，线性回归模型是未知真实函数的一个逼近。

与一元线性回归一样，对于随机误差项，通常假定：$E(\varepsilon)=0$，$Var(\varepsilon)=\sigma^2$。这样 $E(Y)=\beta_0+\beta_1X_1+\beta_2X_2+\cdots+\beta_pX_p$，此式称为理论回归方程。

对于所收集到的 n 组实际数据，多元线性回归模型可以表示为

$$\begin{cases} Y_1=\beta_0+\beta_1X_{11}+\beta_2X_{12}+\cdots+\beta_pX_{1p}+\varepsilon_1 \\ Y_2=\beta_0+\beta_1X_{21}+\beta_2X_{22}+\cdots+\beta_pX_{2p}+\varepsilon_2 \\ \vdots \\ Y_n=\beta_0+\beta_1X_{n1}+\beta_2X_{n2}+\cdots+\beta_pX_{np}+\varepsilon_n \end{cases} \tag{5-53}$$

写成矩阵的形式为

$$\boldsymbol{Y}=\boldsymbol{X}\boldsymbol{\beta}+\boldsymbol{\varepsilon} \tag{5-54}$$

其中

$$\boldsymbol{Y}=\begin{bmatrix} Y_1 \\ Y_2 \\ \vdots \\ Y_n \end{bmatrix}, \quad \boldsymbol{X}=\begin{bmatrix} 1 & X_{11} & \cdots & X_{11} \\ 1 & X_{21} & \cdots & X_{11} \\ \vdots & \vdots & \ddots & \vdots \\ 1 & X_{n1} & \cdots & X_{np} \end{bmatrix} \tag{5-55}$$

$$\boldsymbol{\beta}=\begin{bmatrix} \beta_1 \\ \beta_2 \\ \vdots \\ \beta_n \end{bmatrix}, \quad \boldsymbol{\varepsilon}=\begin{bmatrix} \varepsilon_1 \\ \varepsilon_2 \\ \vdots \\ \varepsilon_n \end{bmatrix} \tag{5-56}$$

矩阵 $\boldsymbol{X}$ 是一个 $n\times(p+1)$ 矩阵，称 $\boldsymbol{X}$ 为回归设计矩阵，即 $\boldsymbol{X}$ 的元素是预先设定并可以控制的。

为了了解多元线性回归方程及其偏回归系数的含义，以二元线性回归（$p=2$）为例进行说明。二元线性回归模型为

$$Y=\beta_0+\beta_1X_1+\beta_2X_2+\varepsilon \tag{5-57}$$

或表示为

$$E(Y)=\beta_0+\beta_1X_1+\beta_2X_2 \tag{5-58}$$

假如 X_2 保持不变，为一常数，则有

$$\frac{\partial E(Y)}{\partial X_1}=\beta_1 \tag{5-59}$$

即 β_1 可解释为在 X_2 保持不变时，X_1 每增加一个单位，Y 将平均增加 β_1 个单位。同样，假如 X_1 保持不变，为一常数，则有

$$\frac{\partial E(Y)}{\partial X_2}=\beta_2 \tag{5-60}$$

即 β_2 可解释为在 X_1 保持不变时，X_2 每增加一个单位，Y 将平均增加 β_2 个单位。扩展到 p 元线性回归模型，$\beta_j\left(j=1,2,\cdots,p\right)$ 表示当模型中的其他变量不变时，X_j 变化一个单位，Y 将平均变动 $\beta_j=1,2,\cdots,p$ 个单位。

5.3.2 多元线性回归模型的基本假定

为了便于对回归模型中的参数进行估计并得到性质优良的估计量，需要对回归方程做如下基本假设：

（1）自变量 X_1，$X_2,\cdots,X_p$ 是确定性变量，不是随机变量，且 $\text{rank}(\boldsymbol{X})=p+1<n$，即 $\boldsymbol{X}$ 为一满秩矩阵。

（2）随机误差项 $E(\varepsilon)=0(i=1,2,\cdots,n)$，$Cov(\varepsilon_i,\varepsilon_j)=\begin{cases}\sigma^2, i=j\\ 0, i\neq j\end{cases}(i,j=1.2.\cdots,n)$。

其中：

① 随机误差项的期望值为零，即 $E(\varepsilon)=0$，表明观测值没有系统误差。

② 随机误差项 ε_i 的协方差为零，表明随机误差项在不同的样本点之间是不相关的，或不存在序列相关。

③ 对不同的样本单位，其随机项的方差相等，即具有同方差性。

④ 随机误差项是正态分布的，即：$\varepsilon_i\sim N(0,\sigma^2), i=1,2,\cdots,n$；$\varepsilon_1,\varepsilon_2,\cdots,\varepsilon_n$ 相互独立。这在实践中是合理的。对于多元线性回归矩阵形式，该条件也可表示为 $\varepsilon\sim N(0,\sigma^2 I_n)$。

由上述假定和多元正态分布的性质可知，随机向量 Y 是遵从 n 维正态分布回归模型的期望向量 $E(Y)=X\beta$，$Var(Y)=\sigma^2 I_n$。因此，$Y\sim N(X\beta,\sigma^2 I_n)$。

⑤ ε 与每一自变量 X 之间都是零协方差，或表示为 $Cov(\varepsilon,X)=0$。

⑥ 回归方程无设定偏误，即模型被正确地设定。

⑦ 各自变量 X 之间无高度的共线性，或称为无多重共线性。非正式地说，无多重共线性是指没有一个自变量可以写成其余自变量的线性组合。例如，在二元线性回归模型中，无共线性的含义是，不存在一组不全为零的 λ_1 和 λ_2，

使得 $\lambda_1 X_1+\lambda_2 X_2=0$。如果这一关系式存在，则说明 X_1 与 X_2 是完全共线性的，或完全线性相关的。另外，如果当 $\lambda_1=\lambda_2=0$，则说明 X_1 与 X_2 线性独立。

5.3.3 多元线性回归参数的最小二乘估计

1. 回归系数的估计量

与一元线性回归模型类似，利用最小二乘法估计多元线性回归模型的基本原理是寻找一组参数估计量 $\hat{\beta}=(\hat{\beta}_0,\ \hat{\beta}_1,\ \hat{\beta}_2,\cdots\hat{\beta}_p)'$，使估计的残差项的离差平方和达到最小，即

$$Q(\hat{\beta}_0,\ \hat{\beta}_1,\cdots,\hat{\beta}_p)=\sum(Y_i-\hat{\beta}_0-\hat{\beta}_1X_1-\hat{\beta}_2X_2-\cdots-\hat{\beta}_pX_p)^2 \tag{5-61}$$

这可以用多元微积分中求极值的方法实现。下面将给出具体计算方法。

对式（5-61）的未知参数求偏导数，并令这些偏导数等于 0，则可知 $\hat{\beta}_0,\hat{\beta}_1,\hat{\beta}_2,\cdots,\hat{\beta}_p$ 满足方程组：

$$\begin{cases}\left.\dfrac{\partial Q}{\partial\beta_0}\right|_{\beta_0=\hat{\beta}_0}=-2\sum\left(Y_i-\hat{\beta}_0-\hat{\beta}_1X_1-\hat{\beta}_2X_2-\cdots-\hat{\beta}_PX_P\right)=0\\ \left.\dfrac{\partial Q}{\partial\beta_0}\right|_{\beta_1=\hat{\beta}_1}=-2\sum\left(Y_i-\hat{\beta}_0-\hat{\beta}_1X_1-\hat{\beta}_2X_2-\cdots-\hat{\beta}_PX_P\right)X_1=0\\ \left.\dfrac{\partial Q}{\partial\beta_0}\right|_{\beta_2=\hat{\beta}_2}=-2\sum\left(Y_i-\hat{\beta}_0-\hat{\beta}_1X_1-\hat{\beta}_2X_2-\cdots-\hat{\beta}_PX_P\right)X_2=0\\ \qquad\vdots\\ \left.\dfrac{\partial Q}{\partial\beta_0}\right|_{\beta_p=\hat{\beta}_p}=-2\sum\left(Y_i-\hat{\beta}_0-\hat{\beta}_1X_1-\hat{\beta}_2X_2-\cdots-\hat{\beta}_PX_P\right)X_p=0\end{cases} \tag{5-62}$$

整理后得到最小二乘正规方程：

$$\begin{cases}l_{11}\hat{\beta}_1-l_{12}\hat{\beta}_2-\cdots-l_{1p}\hat{\beta}_P=l_{1y}\\ l_{21}\hat{\beta}_1-l_{22}\hat{\beta}_2-\cdots-l_{2p}\hat{\beta}_P=l_{2y}\\ \qquad\vdots\\ l_{p1}\hat{\beta}_1-l_{p2}\hat{\beta}_2-\cdots-l_{pp}\hat{\beta}_P=l_{py}\end{cases} \tag{5-63}$$

并且

$$\hat{\beta}_0=\bar{Y}-\hat{\beta}_1\bar{X}_1-\hat{\beta}_2\bar{X}_2-\cdots-\hat{\beta}_p\bar{X}_p \tag{5-64}$$

其中，对于任意的$\alpha=1,2,\cdots$，n和i，$j=1,2,\cdots p$有

$$\begin{aligned}l_{ij}=l_{ji}&=\sum_{\alpha}\left(X_{\alpha i}-\bar{X}_i\right)\left(X_{\alpha j}-\bar{X}_j\right)\\&=\sum_{\alpha}X_{\alpha i}X_{\alpha j}-\frac{1}{n}\left(\sum_{\alpha}X_{\alpha i}\right)\left(\sum_{\alpha}X_{\alpha j}\right)\end{aligned} \tag{5-65}$$

$$\begin{aligned}l_{iy}&=\sum_{\alpha}\left(X_{\alpha i}-\bar{X}_i\right)\left(Y_{\alpha}-\bar{Y}\right)\\&=\sum_{\alpha}X_{\alpha i}Y_{\alpha}-\frac{1}{n}\left(\sum_{\alpha}X_{\alpha i}Y_{\alpha}\right)\left(\sum_{\alpha}Y_{\alpha}\right)\end{aligned} \tag{5-66}$$

注意上式有 p 个正规方程，每个正规方程对应一个未知的回归系数。在二元线性回归模型中，为估计回归模型的参数，按最小二乘法就是要求出下面函数达到最小值时的$\hat{\beta}_0$、$\hat{\beta}_1$、$\hat{\beta}_2$。

$$Q\left(\hat{\beta}_0,\hat{\beta}_1,\hat{\beta}_2\right)=\sum\left(Y_i-\hat{\beta}_0-\hat{\beta}_1X_1-\hat{\beta}_2X_2\right)^2 \tag{5-67}$$

这样按上面的方法就可以得到下面的方程组：

$$\begin{cases}\sum Y=n\hat{\beta}_0+\hat{\beta}_1\sum X_1-\hat{\beta}_2\sum X_2\\\sum YX_1=\hat{\beta}_0\sum X_1+\hat{\beta}_1\sum X_1^2-\hat{\beta}_2\sum X_1X_2\\\sum YX_2=\hat{\beta}_0\sum X_2+\hat{\beta}_1\sum X_1X_2-\hat{\beta}_2\sum X_2^2\end{cases} \tag{5-68}$$

进而得到三个参数的估计量计算公式为

$$\begin{cases}\hat{\beta}_0=\bar{Y}-\hat{\beta}_1\bar{X}_1-\hat{\beta}_2\bar{X}_2\\\hat{\beta}_1=\dfrac{\sum YX_1\sum X_2^2-\sum YX_2\sum X_1X_2}{\sum X_1^2\sum X_2^2-\left(\sum X_1X_2\right)^2}\\\hat{\beta}_2=\dfrac{\sum YX_2\sum X_2^2-\sum YX_1\sum X_1X_2}{\sum X_1^2\sum X_2^2-\left(\sum X_1X_2\right)^2}\end{cases} \tag{5-69}$$

当然，在进行多元线性回归分析时，也可以用矩阵形式表示最小二乘法

求解回归方程的参数估计量。首先写出方程组对应的矩阵形式，即

$$\boldsymbol{X}'(\boldsymbol{Y}-\boldsymbol{X}\hat{\boldsymbol{\beta}})=0 \tag{5-70}$$

移项得 $\boldsymbol{X}'\boldsymbol{X}\hat{\boldsymbol{\beta}}=\boldsymbol{X}'\boldsymbol{Y}$。当 $(\boldsymbol{X}'\boldsymbol{X})^{-1}$ 存在时，即得到最小二乘估计量为

$$\hat{\boldsymbol{\beta}}=(\boldsymbol{X}'\boldsymbol{X})^{-1}\boldsymbol{X}'\boldsymbol{Y} \tag{5-71}$$

2. 回归模型参数最小二乘估计量的方差和标准误差

在得到偏回归系数的最小二乘估计量后，为了构造回归系数的置信区间，并对回归系数进行统计检验，还应了解这些估计量的方差和标准误差。在二元线性回归模型中，$\hat{\beta}_0$ 方差的计算公式为

$$Var\left(\hat{\beta}_0\right)=\left[\frac{1}{n}+\frac{\bar{X}_1^2\sum x_2^2+\bar{X}_2^2\sum x_1^2-2\bar{X}_1\bar{X}_2\sum x_1x_2}{\sum x_1^2\sum x_2^2-\left(\sum x_1x_2\right)^2}\right]\sigma^2 \tag{5-72}$$

其中 x_1 和 x_2 分别为 X_1 和 X_2 的离差形式。

$\hat{\beta}_0$ 的标准误差为 $Se\left(\hat{\beta}_0\right)=\sqrt{Var\left(\hat{\beta}_0\right)}$。$\hat{\beta}_1$ 的方差计算公式为

$$Var\left(\hat{\beta}_0\right)=\frac{\sum x_2^2}{\sum x_1^2\sum x_2^2-\left(\sum x_1x_2\right)^2}\sigma^2=\frac{\sigma^2}{\sum x_1^2\left(1-r_{12}^2\right)} \tag{5-73}$$

这里 r_{12} 为 X_1 和 X_2 的样本相关系数。$\hat{\beta}_1$ 的标准误差计算公式为

$$Se\left(\hat{\beta}_1\right)=\sqrt{Var\left(\hat{\beta}_1\right)} \tag{5-74}$$

$\hat{\beta}_2$ 的方差和标准误差的计算公式为

$$Var\left(\hat{\beta}_2\right)=\frac{\sum x_1^2}{\sum x_1^2\sum x_2^2-\left(\sum x_1x_2\right)^2}\sigma^2=\frac{\sigma^2}{\sum x_2^2\left(1-r_{12}^2\right)} \tag{5-75}$$

$$Se\left(\hat{\beta}_2\right)=\sqrt{Var\left(\hat{\beta}_2\right)} \tag{5-76}$$

$\hat{\beta}_1$、$\hat{\beta}_2$ 的协方差为

$$Cov\left(\hat{\beta}_1,\hat{\beta}_2\right)=\frac{-r_{12}\sigma^2}{\left(1-r_{12}\right)\sqrt{x_1^2}\sqrt{x_2^2}} \tag{5-77}$$

在式（5-77）中，σ^2 的无偏估计量为

$$\hat{\sigma}^2=\sum\frac{e_i^2}{n-p-1} \tag{5-78}$$

其中 p 表示回归方程自变量的个数。对于二元线性回归模型，σ^2 的无偏估计量为 $\hat{\sigma}^2=\sum\frac{e_i^2}{n-3}$。

在进行多元线性回归分析时，$\hat{\beta}_i$ 的方差与标准误差也可以用矩阵形式表示如下：

$$\begin{aligned}Var\left(\hat{\beta}\right)&=E\left[\left(\hat{\beta}-\beta\right)\left(\hat{\beta}-\beta\right)'\right]\\&=E\left[\left(\boldsymbol{X'X}\right)^{-1}\boldsymbol{X}'\varepsilon\varepsilon'\boldsymbol{X}\left(\boldsymbol{X'X}\right)^{-1}\right]\\&=E\left[\left(\boldsymbol{X'X}\right)^{-1}\boldsymbol{X}'\sigma^2\boldsymbol{IX}\left(\boldsymbol{X'X}\right)^{-1}\right]\\&=\sigma^2\left(\boldsymbol{X'X}\right)^{-1}\end{aligned}$$

$$Se\left(\hat{\beta}\right)=\sigma^2\left(\boldsymbol{X'X}\right)^{-1} \tag{5-79}$$

式（5-79）中 $\hat{\beta}$ 为最小二乘估计量，当回归变量线性无关时，也就是说，当 $\boldsymbol{X}$ 的矩阵的所有列都不是其他列的线性组合时，逆矩阵 $\left(\boldsymbol{X'X}\right)^{-1}$ 也总是存在的。

3. 回归系数的区间估计

在利用最小二乘法估计回归方程的偏回归系数后，根据回归系数的方差与标准误差，即可对回归系数进行区间估计，以分析 β_i 的估计量 β_i 与 $\hat{\beta}_i$ 的接近程度。根据 $\hat{\beta}_i$ 的统计分布可知

$$t_i=\frac{\hat{\beta}_i-\beta_i}{Se\left(\hat{\beta}_i\right)}\sim t\left(n-p-1\right) \tag{5-80}$$

这样就可以计算出在 $1-\alpha$ 置信度下，β_i 的置信区间为

$$\left[\left(\hat{\beta}_i\right)-t_{\alpha/2}\left(n-p-1\right)Se\left(\hat{\beta}_i\right),\left(\hat{\beta}_i\right)+t_{\alpha/2}\left(n-p-1\right)Se\left(\hat{\beta}_i\right)\right] \tag{5-81}$$

4. 最大似然估计

与一元线性回归参数估计一样，在多元线性回归参数估计中，最大似然估计也是最常用的方法之一。假如有 p 个自变量的回归模型的对数似然函数为

$$\ln L=-\frac{n}{2}\ln\sigma^2-\frac{n}{2}\ln(2\pi)-\frac{1}{2}\sum\frac{\left(Y_i-\beta_0-\beta_1X_1-\cdots-\beta_pX_p\right)}{\sigma^2} \quad (5\text{-}82)$$

将此函数对 β_0，$\beta_1,\cdots$，β_p 和 σ^2 求偏导数，可得

$$\begin{cases}\dfrac{\partial\ln L}{\partial\beta_0}=-\dfrac{1}{\sigma^2}\sum\left(Y_i-\beta_0-\beta_1X_1-\cdots-\beta_pX_p\right)(-1)\\ \dfrac{\partial\ln L}{\partial\beta_1}=-\dfrac{1}{\sigma^2}\sum\left(Y_i-\beta_0-\beta_1X_1-\cdots-\beta_pX_p\right)(-X_1)\\ \qquad\vdots\\ \dfrac{\partial\ln L}{\partial\sigma^2}=-\dfrac{n}{2\sigma^2}+\dfrac{1}{2\sigma^4}\sum\left(Y_i-\beta_0-\beta_1X_1-\cdots-\beta_pX_p\right)^2\end{cases} \quad (5\text{-}83)$$

令这些偏导数为零，求得的 $\beta_0,\beta_1,\cdots,\beta_p$ 和 σ^2 的估计量 $\hat{\beta}_0,\hat{\beta}_1,\cdots,\hat{\beta}_p$ 及 $\hat{\sigma}^2$ 便是最大似然估计。

当然，与一元线性回归相同，β_0，$\beta_1,\cdots$，β_p 最大似然（ML）估计量与最小二乘法相同，而 σ^2 的最大似然估计量为

$$\sigma^2=\frac{1}{n}\sum e_i^2 \quad (5\text{-}84)$$

5.3.4 回归方程的评价

模型评价的主要目的之一是在不同模型之间择优。对多元线性回归方程进行评价主要包括两个标准，一是模型的精度，二是模型的简洁性。从模型简洁的角度看，变量少的要好，但如果减少变量引起的误差明显增加，自然就不是一个好的选择。反过来，变量增多，不仅模型的研制、使用和维护的费用会增加，变量本身观测误差影响 Y 的机会也会相应地增加。因此，需要找到适当的评价方法和评价指标，在综合考虑模型准确性和简洁性的前提下，对模型的优劣给予客观的评价。

1. 回归方程的精度测量

对模型精度的测量，是指在利用多元线性模型对一组数据进行拟合后，

对这一拟合结果适合性的测量。其指标主要包括复相关系数、复判定系数、估计标准误差等。

（1）复相关系数。

进行多元线性回归分析时，如果因变量与自变量之间存在着高度的线性相关关系，则所拟合的回归方程的精度就会得到很好的保证。而因变量 Y 与自变量 $X_1, X_2, \cdots, X_P$ 之间的线性关系的强弱可以通过考察 Y 和 $\hat{Y}$ 散点图及 Y 和 $\hat{Y}$ 的复相关系数来反映。复相关系数的计算公式为

$$R = \frac{\sum\left(Y_i - \bar{Y}\right)\left(\hat{Y}_i - \bar{Y}\right)}{\sqrt{\sum\left(Y_i - \hat{Y}\right)^2 \sum\left(\hat{Y}_i - \bar{Y}\right)^2}} \tag{5-85}$$

其中，$\bar{Y}$ 是因变量 Y 的均值，$\bar{\hat{Y}}$ 是拟合值的均值。

（2）复判定系数。

与一元线性回归的情形一样，多元线性回归的复判定系数的计算公式为

$$R = \frac{SSR}{SSE} = 1 - \frac{SSE}{SST} = 1 - \frac{\sum\left(Y_i - \hat{Y}\right)^2}{\sum\left(Y_i - \bar{Y}\right)^2} \tag{5-86}$$

R^2 表示因变量 Y 的全部变差中可由 $X_1, X_2, \cdots, X_p$ 的差异解释的部分所占的比例。

（3）估计标准误差。

与一元线性回归类似，多元线性回归方程的估计标准误差主要是因变量 Y 的观测值与利用回归方程估计的 Y 的估计值 $\hat{Y}$ 的差异，其计算公式为

$$S_Y = \sqrt{\frac{\sum\left(Y_i - \hat{Y}_i\right)}{n - p - 1}} \tag{5-87}$$

2. 多元线性回归模型的简洁性

多元线性回归模型的简洁性主要体现在自变量的个数。如果模型中包含较多的自变量，则会提高回归方程的精度和自变量对因变量变化的解释度，但同时也会带来很多相应的问题，如搜集数据、整理数据等的成本加大，计算工作量的增大，模型分析的复杂程度提高等。此外，还可能会带来自变量之间的多重共线性，造成估计的回归系数的方差加大，对样本数据的变化过

于敏感，甚至会使估计量的正负号与其真值相反，等等。

3. 综合评价

回归方程的精度与简洁性的标准往往不可能同时得到最大化的满足。在回归方程精度的测量指标中，最常用的指标是复判定系数。复判定系数的一个重要性质是，它是出现在模型中的自变量个数的非减函数，即随着自变量个数的增大，R^2 几乎必然增大，至少是不减小的。为了看清楚这一点，先了解 R^2 的计算公式，即

$$R^2=1-\frac{\sum\left(Y_i-\hat{Y}\right)^2}{\sum\left(Y_i-\bar{Y}\right)^2} \tag{5-88}$$

式中 $\sum\left(Y_i-\bar{Y}\right)^2$ 与模型中 X 变量的个数没有关系，但 $\sum\left(Y_i-\hat{Y}\right)^2$ 与自变量的个数有关，直观上，随着 X 变量个数的增加，它很可能减小（至少不会增大），随之 R^2 会相应增大。这一变化也可通过系数变化图进行判断，如图 5-1 所示。

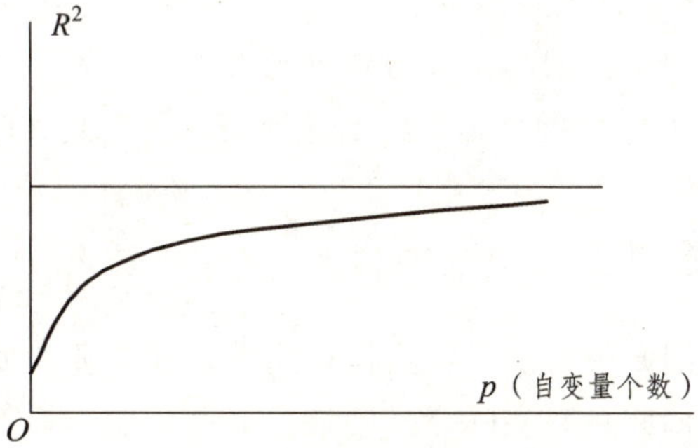

图 5-1 判断系数变化图

建立回归模型时，不能一味地通过增多自变量的个数来实现回归精度的提高。因为在判定系数逐步提高的过程中，回归方程也就逐渐背离了其简洁的原则。因而在对回归方程进行评价时需要进行综合的考虑，即在考虑模型精度的同时也要考虑模型的简洁性。进行模型的评价或模型的比较时，必须要考虑到模型中出现的自变量的个数，计算调整后的判定系数 $\bar{R}^2$，其计算公式为

$$\bar{R}^2=1-\frac{SSE/(n-p-1)}{SST/n-1} \tag{5-89}$$

调整是指对判定系数 R^2 计算公式中平方和所涉及的自由度的调整，在一个涉及 $p+1$ 参数的模型中，SSE 有 $n-p-1$ 个自由度，而 SST 有 $n-1$ 个自由度。

$\bar{R}^2$ 与 R^2 的关系为

$$\bar{R}^2=1-(1-R^2)\frac{n-1}{n-p-1} \tag{5-90}$$

从式（5-90）中可以看到：

① $p>1$，$\bar{R}^2<R^2$，这意味着增加 X 变量的个数，调整后的 $\bar{R}^2$ 比未调整的 R 增加得慢些。

② 虽然 R^2 必定是非负的，但 $\bar{R}^2$ 可以是负的。

一定要注意样本大小 n 和因变量都必须相同，而自变量可以采取不同的形式与内容。例如：$\ln Y=\beta_0+\beta_1X_1+\beta_2X_2+\varepsilon$，$Y=\alpha_0+\alpha_1X_1+\alpha_2X_2+\varepsilon$。这两个回归方程的 R^2 项是不可比较的。因为按定义，R^2 度量的是因变量的变异可以由自变量解释的部分，所以 $\ln Y=\beta_0+\beta_1X_1+\beta_2X_2+\varepsilon$ 中 R^2 度量的是 X_1 和 X_2 解释 $\ln Y$ 的变异部分；而 $Y=\alpha_0+\alpha_1X_1+\alpha_2X_2+\varepsilon$ 中的 R^2 度量的是 X_1 和 X_2 解释 Y 的变异部分，两者不是同一回事，两个判定系数所度量的不是同一问题。

进行多元线性回归模型的比较与评价最常用的测量指标是调整后的判定系数 R^2。此外，还有其他的准则，包括赤池信息量准则和施瓦茨准则等。

5.3.5 回归系数的显著性检验

建立多元线性回归模型后，在具体应用前，还需要对回归模型进行多种不同的检验，包括回归系数实际意义的检验、回归系数显著性的检验、回归方程线性关系的显著性检验、模型稳定性的检验、先验经验的检验、约束条件的检验及回归方程假定条件的检验等。

多元线性回归分析中关于回归系数检验的主要内容有：

（1）回归系数的显著性检验。

（2）回归方程线性关系的显著性检验。

（3）检验两个回归系数是否相等。

（4）约束条件的检验。

1. 每个自变量对因变量影响的显著性检验

要判断每个自变量对因变量的影响是否显著，需要对各回归系数 β_i 分别

进行 t 检验，具体步骤如下：

（1）提出假设，即对于任意参数 $\beta_i\left(i=0,1,2,\cdots,p\right)$，有 $H_0:\beta_i=0$，$H_0:\beta_i\neq 0$。

（2）构造并计算检验的统计量 t，即 $t_i=\dfrac{\hat{\beta}_i}{Se\left(\hat{\beta}_i\right)}\sim t\left(n-p-1\right)$。其中，$Se\left(\hat{\beta}_i\right)$ 是回归系数估计量 $\hat{\beta}_i$ 的抽样分布的标准误差。

（3）得出检验结果，做出判断。

在给定显著性水平 α 时，根据自由度 $n-p-1$ 确定拒绝域的临界值 $t_{\alpha/2}\left(n-p-1\right)$，或者利用计算机计算出统计量的 P 值即 $P(F)$ 或 Sig 值（直接看计算机输出结果），若 $|t|>t_{\alpha/2}\left(n-p-1\right)$ 或 $p<\alpha$，则拒绝原假设，表明回归系数 β_i 显著，即 X_i 与 Y 之间存在着显著的线性相关关系。

2. 回归方程线性关系的显著性检验

回归方程线性关系的显著性检验是检验因变量 Y 与 P 个自变量之间的关系是否显著，检验的具体步骤如下：

（1）提出原假设和备择假设，其中原假设为所有回归系数均为零。两个假设具体表示如下：$H_0:\beta_1=\beta_2=\beta_3=\cdots=\beta_p=0$；$H_0:\beta_1,\beta_2=\cdots=\beta_p$ 至少有一个不等于 0。

（2）构造并计算检验统计量 $F=\dfrac{SSR/p}{SSE/n-p-1}\sim F_\alpha\left(p,n-p-1\right)$。

（3）做出决策。

在给定显著性水平 α 时，根据自由度 p 和 $n-p-1$ 确定拒绝域的临界值 $F_\alpha\left(p,n-p-1\right)$，或者利用计算机计算出统计量的 P 值（直接看计算机输出结果）。若 $F>F_\alpha\left(p,n-p-1\right)$ 或 $p<\alpha$，则拒绝原假设，这表明 Y 与 P 个自变量之间的线性关系显著。

3. 检验两个回归系数是否相等

在多元线性回归模型 $Y=\beta_0+\beta_1X_1+\beta_2X_2+\cdots+\beta_PX_P+\varepsilon$ 中，$\beta_i\left(i=1,2,\cdots,p\right)$ 表示当模型中的其他变量不变时，X_i 变化一个单位，Y 平均变动 β_i 个单位。

在对数线性回归模型 $\ln Y=\ln\beta_0+\beta_1\ln X_1+\beta_2\ln X_2+\cdots+\beta_p\ln X_p+\varepsilon$ 中，$\beta_i\left(i=1,2,\cdots,p\right)$ 表示的是弹性系数。在对这类模型进行实证分析时，有时需要

检验其中的两个回归系数是否相等。例如，三元对数线性回归模型 $\ln Y=\ln\beta_0+\beta_1\ln X_1+\beta_2\ln X_2+\beta_3\ln X_3+\varepsilon$。其中，$Y$ 表示某商品需求量；X_1 表示该商品价格；X_2 表示消费者的收入；X_3 表示消费者的财富。若要验证消费者的收入弹性和财富弹性是否相同，则需要对假设 $H_0:\beta_2=0$，$H_0:\beta_2\neq0$。进行检验。在经典假设下，可以构造检验并计算检验统计量 $t=\dfrac{\left(\hat{\beta}_2-\hat{\beta}_3\right)-\left(\beta_2-\beta_3\right)}{Se\left(\hat{\beta}_2-\hat{\beta}_3\right)}$。其中 $Se\left(\hat{\beta}_2-\hat{\beta}_3\right)=\sqrt{Var\left(\hat{\beta}_2\right)+Var\left(\hat{\beta}_3\right)-2Cov\left(\hat{\beta}_2\hat{\beta}_3\right)}$。该检验统计量服从自由度为 $n-p-1$ 的 t 分布。这样原假设为真时，$t=\dfrac{\hat{\beta}_2-\hat{\beta}_3}{\sqrt{Var\left(\hat{\beta}_2\right)+Var\left(\hat{\beta}_3\right)-2Cov\left(\hat{\beta}_2\hat{\beta}_3\right)}}$，再根据一定的显著性水平，得到 t 分布拒绝域的临界值，进而可以确认是否拒绝原假设，从而得到实证分析的结论。

4. 受约束（线性约束）的回归系数估计与约束条件的检验

前面介绍的 t 检验、F 检验等是一种静观后效法，是在估计了没有施加约束条件时的原回归模型之后再检验回归系数的显著性、回归方程线性关系的显著性及两个回归系数是否相等。这是一个事后的检验，根据检验的结果，可以再对模型进行修正。如果回归分析时将某些假定作为约束条件直接纳入回归方程中，并进行回归方程的估计，进一步使用统计检验方法检验约束条件的引入是否合适，这就属于约束条件的检验。约束条件包括线性约束条件和非线性约束条件。下面将介绍线性约束条件的检验方法与应用。

（1）受约束（线性约束）的回归系数估计。

受约束的回归系数估计就是将约束条件直接纳入估计回归方程中，将回归方程变换之后采用最小二乘法进行参数估计。下面以柯布-道格拉斯生产函数为例进行说明。

柯布-道格拉斯生产函数为 $Y=AK^{\beta_1}L^{\beta_2}$，将该生产函数写成回归模型为 $Y=AK^{\beta_1}L^{\beta_2}U$。其中，$Y$ 表示产出变量；K 表示资本投入变量；L 表示劳动力投入变量；U 表示随机干扰项；β_1，β_2 分别为资本和劳动力的产出弹性系数。对回归方程等号两边取对数，得到 $\ln Y=\ln A+\beta_1\ln K+\beta_2\ln L+\ln U$。

假设现在是规模报酬不变（即某一比例的投入变化有同比例的产出变化），则 $\beta_1+\beta_2=1$。该约束条件也可写为 $\beta_1=1-\beta_2$，或 $\beta_2=1-\beta_1$。将约束条件 $\beta_1=1-\beta_2$ 代入回归方程，可得

$$\begin{aligned}\ln Y &= \ln A + (1-\beta_2)\ln K + \beta_2 \ln L + \ln U \\ &= \ln A + \ln K + \beta_2(\ln L - \ln K) + \ln U\end{aligned}$$

将其整理变化得

$$\begin{cases}\ln Y - \ln K = \beta_0 + \beta_2(\ln L - \ln K) + \varepsilon \\ \ln(Y/K) = \beta_0 + \beta_2(\ln L/K) + \varepsilon\end{cases}$$

其中，$\varepsilon = \ln U$，Y/K、L/K 分别为产出/资本比率和劳动力/资本比率。

在将数据进行转换后，对其采用最小二乘法就可得到 β_0 和 β_2 的估计值，进而得到 β_1 的估计值。

（2）线性约束条件的检验——F 检验。

F 检验的基本做法是分别估计出不包含约束条件的无约束回归方程和代入约束条件的受约束回归方程，并分别分析两个回归方程残差项的构成，即计算两个回归方程的总变差平方和 SST、回归平方和 SSR 及剩余平方和 SSE。可以证明代入约束条件的回归方程的剩余平方和不小于无约束条件下回归方程的剩余平方和。当然，若约束条件不成立，则代入约束条件的回归方程由于其模型的设定错误而产生相对较大的剩余平方和；否则，两个方程的剩余平方和不会有显著差异。根据这一结论，可以构造 F 检验统计量，即

$$F = \frac{(SSE_R - SSE_U)/m}{SSE_U/(n-p-1)} = \frac{\left(\sum e_R^2 - \sum e_U^2\right)/m}{\sum e_U^2/(n-p-1)} \tag{5-91}$$

其中，下标 U 表示无约束方程，R 表示受约束方程。该检验统计量服从自由度为 m 和 $n-p-1$ 的 F 分布。m 表示模型中线性约束条件的个数，p 表示无约束回归方程中自变量的个数。

该检验统计量还可通过 R^2 表示为

$$F = \frac{(R_U^2 - R_R^2)/m}{(1-R_U^2)/(n-p-1)} \tag{5-92}$$

需要注意的是，如果在受约束和不受约束的两个模型中因变量不相同，则 R_U^2 和 R_R^2 不能直接相比。同时，由于 R^2 受到自变量个数的影响，因而在剩余平方和不易获取时，利用 R^2 只是一种便利的方法。

上例中，受约束的回归方程的 $SSE_R = 0.001$，无约束条件的回归方程的 $SSE_U = 0.001$，则

$$F=\frac{\left(SSE_R-SSE_U\right)}{SSE_U/\left(n-p-1\right)}=0$$

因此不能拒绝规模报酬不变的原假设。

以上关于回归系数是否相等的实证分析中，也可以将原假设作为回归方程的约束条件引入回归模型，然后采用 F 检验进行约束条件的检验。

按约束条件检验的方法，其基本步骤如下：

① 提出假设，如 $H_0:\beta_2=\beta_3$， $H_0:\beta_2\neq\beta_3$。

② 建立两个回归模型。第一个是普通的（即不认为原假设是正确的）多元线性回归模型，如上面提到的某商品需求量对数回归模型（将该模型视为无条件约束的模型，记为 U）$\ln Y=\ln\beta_0+\beta_1\ln X_1+\beta_2\ln X_2+\beta_3\ln X_3+\varepsilon$，并得到相应的残差项的方差分析结果，即计算出 SST、SSR_U、SSE_U。另外一个回归模型则是原假设成立时的回归模型（将该模型视为有条件约束的模型，记为 R）$\ln Y=\ln\beta_0+\beta_1\ln X_1+\beta_2 1\left(\text{n} X_2+\ln X_3\right)+\varepsilon$。同样计算相应于该方程的残差项的方差分析结果，即计算出 SST、SSR_R、SSE_R。

③ 构造 F 检验统计量 $F=\dfrac{\left(SSE_R-SSE_U\right)/\left(p_U-p_R\right)}{SSE_U/\left(n-p_U-1\right)}\sim F\left(p_U-p_R,n-p_U-1\right)$。其中，$p_U$ 分别为两个回归方程中回归系数（不含截距项）的个数。

④ 根据显著性水平和 F 分布表确定假设检验的拒绝域，并得出检验的结论。

5.3.6 标准化回归方程

在多元线性回归模型中，因为涉及多个自变量，而每个自变量的计量单位、计量尺度往往不相同，这给利用回归方程进行实际问题的分析带来一定的困难。例如，回归方程 $Y=\beta_0+\beta_1X_1+\beta_2X_2+\varepsilon$ 中，Y、X_1、X_2 分别表示销售量、产品价格和个人收入，则偏回归系数 β_1 的含义是当收入水平不变时，价格每变动一个单位，销售量将平均变动 β_1 个单位，而 β_2 的含义是当产品价格水平不变时，收入每变动一个单位，销售量将平均变动 β_2 个单位。如果想进一步地了解产品价格和个人收入哪一个变量对产品销售的影响作用更大，则无法使用回归系数直接进行比较，这主要是由于两变量的计量单位与计量尺度不同，从而缺乏可比性。为此，可以首先将数据进行无量纲化处理，如对数据进行标准化处理剔除掉量纲的影响，然后利用标准化后的数据建立回归方程，形成标准化的回归方程，这样便可以通过标准化回归方程中的标准化回归系数进行多个自变量作用大小的比较。

1. 数据的标准化处理

如上所述，利用多元线性回归模型描述实际问题时，由于自变量所用的单位不同，数据的大小往往也有很大的差异，不利于放在同一标准上进行比较，为了消除由于量纲问题带来的影响，统计学中最常见的方法就是将数据标准化。

自变量 X 数据标准化的计算公式为

$$X_{ij}^{*}=\frac{X_{xj}-\overline{X}}{S_{X_i}} \tag{5-93}$$

其中，S_{X_i} 为第 i 个自变量的标准差。

同样，因变量 Y 数据标准化的计算公式为

$$Y_j^{*}=\frac{Y_j-\overline{Y}}{S_Y} \tag{5-94}$$

2. 标准化回归系数

在对数据进行标准化处理的基础上，采用最小二乘法便可得到标准化回归方程，其中回归系数为标准化回归系数。

虽然标准化回归系数是比较自变量对 Y 影响程度的一种较为理想的方法，但是使用时仍然需要采取谨慎的态度。这是因为当自变量相关时会影响标准化回归系数的大小。

5.4 本章小结

本章系统介绍了隧道全寿命周期数据处理方法，方法涵盖了异常数据剔除、一元线性回归与多元线性回归等，确保了监测结果分析的准确性。

（1）监测中所得的数据不免存在个别异常值，找出、分析并剔除异常值是进行数据处理的前提。判别异常值的准则常有布依拉达准则、格拉布斯准则、肖维勒准则和狄克逊准则。

（2）数据处理主要有一元数据处理和多元数据处理。其中，回归分析是

处理变量之间的相互关系的一种数学方法。本章相应地介绍了一元回归分析和多元回归分析的数据处理方法。

（3）多元回归分析是研究两个或两个以上自变量与一个因变量之间的数量的依存关系，其中一元回归分析是回归分析中的一个特例，研究的是一个自变量与一个因变量的线性回归问题。两者都是试验数据估计回归函数；讨论回归函数中参数的点估计、区间估计；对回归函数中的参数或者回归函数本身进行假设检验；利用回归函数进行预测与控制，等等。

【第6章】>>>>

隧道结构安全评价方法与判定标准

6.1 衬砌结构评级体系

在运营期间，隧道衬砌不可避免地会遭遇各种病害，如衬砌结构错台、开裂与破损、裂化与腐蚀以及衬砌渗漏水等。由于病害存在的客观性和不可避免性，隧道的检测工作便是不可或缺的。在隧道检测过程中，需要一个具有指导意义的评价体系来定量和定性地分析隧道结构遭遇病害的严重性以及其损伤的程度，并指导隧道的管理与养护部门及时地对病害隧道进行相应的处置。由此可见，隧道衬砌结构的评价体系对于隧道的运营安全是至关重要的。

衬砌结构评价体系主要是指隧道衬砌结构安全性的评价体系。它主要包括衬砌结构评价方法和衬砌结构评价指标。

6.1.1 衬砌结构评价方法

1. 专家系统法

专家系统法就是依据专家的知识，模拟专家的推理来解决具体问题的软件。系统在隧道工程设计、施工和管理方面，都存在一些不确定性的因素，而理论研究还没有涉及的因素一般难以用数值计算来解决。使用专家系统，虽然能以近似专家的水平来解决问题，但是这种方法需要对大量同领域的专家进行知识采集，而采集属于专家个人经验的知识是比较困难的。

2. 可靠性理论

就是将可靠度理论引入隧道安全性评估中。对于既有隧道结构，承受的荷载和抗力都是因时间而变化的。随着结构荷载的增加和劳损的累积，结构的可靠度逐渐降低，另外由结构材质劣化等因素的影响，结构抗力呈衰减趋势，因此采用时变的可靠性计算方法，并考虑结构抗力衰减的影响，分析并计算隧道结构承载能力在剩余使用期内的失效概率。

3. 理论分析结合现场调查的方法

此方法一般是隧道技术人员根据自己的丰富经验对隧道进行全面检测，给出文字描述的定性或是定量检测结果，然后再依据此对隧道质量进行评分，目前在评分标准和方法上进行了相关研究，这种评定技术正在逐渐成熟。

4. 多层次模糊综合评判

隧道状态的好坏是模糊不定的，采用模糊数学的方法对隧道安全状态进行综合评判比依赖人工经验的定性方法更科学。对隧道状态进行综合评判，必须先确定影响因素，再对各种因素进行检测，及分析它们对隧道状态的影响程度，并考虑彼此间的权重，然后用模糊综合评判的方法进行评判。

铁路隧道病害诊断专家系统根据铁路隧道病害的成因结合层次分析法及模糊数学理论建立了铁路隧道健全度判定模型。该专家系统对铁路隧道进行定量化判定，但是由于“隧道健全度定量化的判定”涉及诸如定量判定标准、检测手段等问题，该系统对健全度的判定基本上还是定性判定，只能做出大概的等级判定。

隧道结构损伤度判定方法重点在于判断衬砌开裂病害，根据对衬砌开裂与衬砌安全性、使用性和耐久性等的判断，将隧道结构按损伤程度分为 4 级，并给出了各个判定因素的判定标准和相应的判定级别损伤值。将各判定因素的损伤值相加得到了总损伤值，再将总损伤值对照隧道结构损伤度判定标准得出隧道结构损伤度。隧道结构损伤度一定程度上反映出了各种因素对隧道健康状态的影响。

运营隧道状态的综合评判体系是对运营期隧道健康状态进行综合评判。将隧道运营状态分为状态正常、状态一般、状态差 3 个级别。在评价时将影响隧道健康状态的各类病害分成结构类、防排水类和其他类 3 大类，每一类又分成几部分，各部分再分成形态不同的各种病害，这些病害构成了综合评判体系的指标因素，然后采用层次分析法和模糊数学中的二级模糊评判模型对运营隧道状态进行综合评价，根据集值统计迭代法和大量专家意见的调查来确定指标权重集，最后将最终评价结果对照 3 个级别进行评价。该评价方法是以早期的铁路隧道养护方法为基础建立的，对隧道状态综合评价方法进行了非常有意义的研究。

5. 国内外应用现状

日本铁路自 20 世纪 70 年代以后，根据病害对隧道运营安全的影响、病害的程度以及其整治的急迫性将隧道的健全度分为 A、B、C、D 等 4 个等级，其中 A 级又划分为 AA，A1，A2 等级，其不仅拥有定性的评价标准，还存在病害范围、变形速度、衬砌厚度等定量的标准，并强调隧道检测技术的发展。美国将铁路隧道和隧道的技术状况评定放在一起评定，评定系统分别为隧道结构、电力系统、设备系统和其他系统。隧道结构共分为 0~9 共 10 级，0 级为新建隧道，9 级表示技术状况最差；电力系统、设备系统和其他系统则分为 5 个等级，分别是优秀、良好、一般、差和严重。评级方式仍旧为定性评价。德国在《人工建筑物的监测和检查规范》中将隧道衬砌结构的裂损和缺陷分成 3 个等级，用损坏数码 1、2、3 对裂损和缺陷状况进行评价。

我国结构物的评价方法逐步由定性评价向定量评价转化，如《公路隧道养护技术规范》（JTG H12—2003）对隧道定期检测所得到的土建结构技术状况以定性的方法进行评价，所得到的评价结果分别为 S、B、A 等 3 类。虽然《公路隧道养护技术规范》（JTG H12—2003）仍旧采用定性评价的方式，但《公路桥涵养护规范》（JTG H11—2004）中对桥梁技术状况的评价则采用了定量评价。规范按照公路桥涵技术状况指标 Dr 的分值分成 5 大类，其构件病害程度也按照完好、良好、较好、较差、差的、危险分别判定为 0~5 共 6 个标度，并根据缺损对结构的影响程度和裂损发展是否趋于稳定进行修正。同时，规定了各个构件的权重，按照构件的标度和权重便可以按照公式对桥涵技术状况指标 Dr 进行计算。该模式和现行规范的评价模式十分相似。我国现行隧道养护规范《公路隧道养护技术规范》（JTG H12—2015）将隧道病害检测工作划分为日常检测、定期检测、专项检测和应急检测 4 类。通过专项检测，应当系统地掌握隧道的技术状况、功能状况、病害产生的原因和运维所需的基本参数，为后期维修养护的进行提供相应的依据。

目前常用的土建结构评价方法主要包括专家评价法、运筹学及其他数学评价方法（如层次分析法、模糊综合评价方法、数据包络法等）、新型评价方法（灰色综合评价方法、神经网络评价方法、“云模型”相关评价方法）和 DER&U 综合评价方法等。

张建伟等通过选取（B，1A，2A，3A）作为隧道健康等级划分，选择衬砌的裂缝、渗漏水、空洞、剥落、净空变形等作为评价指标，采用 GRAF 和

AHP 理论建立评价标准（隧道健全度 F），最后建立评价模型并通过工程实例对其进行验证。李明等选取支护结构裂缝、渗漏水、结构劣化、结构变异、起层剥落等作为描述参数并作为判定指标，采用乘积标度法计算各层次各指标权重，通过模糊可变方法建立山岭隧道动态评价模型，计算出隧道及地下工程健康值并将其划分为健康、亚健康和病害 3 个等级。周绍文等直接通过将衬砌结构裂缝、渗漏水、结构劣化、结构变异、起层剥落等判别指标划分成 I~V 共 5 个等级，通过文献调研的方式确定划分的界限值，并构造每个等级的隶属函数计算各指标的分值，通过模糊层次分析法计算各指标的权重。我国台湾地区桥梁检测及评价的方法 DER&U 法具备多指标、多因素综合考虑，与后期维修养护工作结合紧密的特点。DER&U 评价方法选取结构物的裂损程度（Degree）、裂损范围（Extent）、安全性及服务性影响程度（Relevancy）以及维修加固的急迫性（Urgency）作为隧道病害区段的评价指标，检测方式和检测内容和我国大陆地区的检测方法也相类似。另外，DER&U 评估法强调大规模、快速地对庞大数量的结构进行初步普检与筛选评估，且可方便记录不需携带大量的记录表，对于数量庞大、同构型高且可供检查时间极短的交通设施极为合适。因此，针对 DER&U 法的评价优点，杨露等建立了基于 DER&U 的运营高速隧道快速检测评价系统，该评价方法将隧道各分段各分项的技术状况按照其劣化程度（Degree）、劣化范围（Extent）和安全程度（Safety）进行 D、E、S 三个指标的打分，同时提出了技术状况指标 CI（Condition Index）、优先指标 PI（Priority Index）、安全折算长度 SL 的计算方法。

6.1.2 衬砌结构评价指标

众所周知，针对评价体系的建立，评价指标的选取是至关重要的。评价系统通常由各个子系统构成，各个子系统又由不同的评价指标构成。所以在选取评价指标时，应结合隧道病害及缺陷种类，从不同的方面反映出隧道的安全性；从微观到宏观依次递进，具有良好的层次性；各指标之间应相对独立，方便权重的确定和避免评估结果的失真。同时，衬砌安全性评价指标通常由现场检测手段获得，其选取应满足“可量化”和“可操作”的要求。因此，隧道衬砌安全性评价的指标选取应满足：（1）目的性原则；（2）指标间的独立性；（3）可测性原则；（4）可操作和实用性原则；（5）系统性原则；（6）科学性原则；（7）定性指标和定量指标先后结合使用的原则。

实际上对系统进行安全评价并非指标越多越好，关键在于评价指标在评价中所起到的作用，一般原则应当选取尽可能少的重要指标用于实际评价中。

在构建安全评价指标体系时，将单个隧道衬砌分成等长度的小段，对每一小段进行多因素评价，因此在获取体系中的指标值时，也是以小段为单位，通过定性与定量相结合来获取。

参照隧道结构安全系统的构成，隧道结构物的特征及形态，隧道所处的围岩状况以及周边环境的现实状况，根据建立公路隧道结构安全性评价体系的目的和原则，构建隧道安全系统评价指标体系框架，如图 6-1 所示。

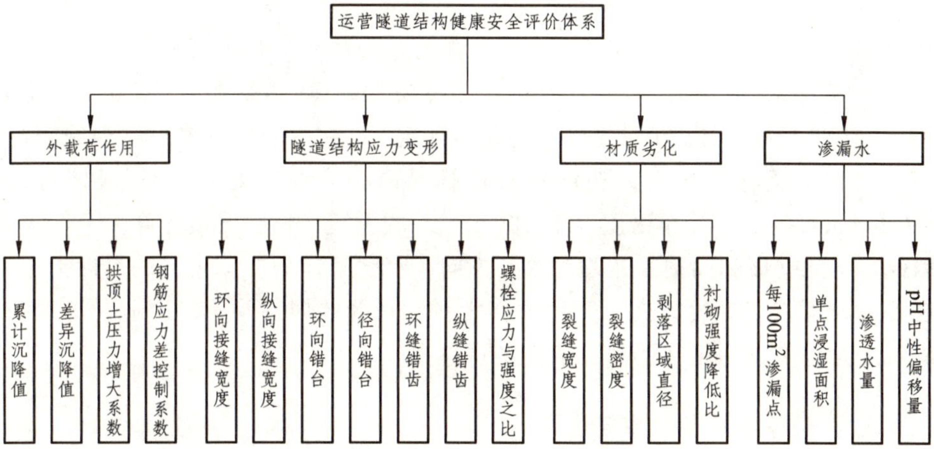

图 6-1　隧道结构安全评价指标体系

常用的且结构安全影响较大的指标有：

1. 衬砌变形

在围岩压力变大、山体滑移等外荷载作用下，衬砌可能会产生变形、移动。在现场检测中，用激光断面仪可以准确地获得隧道横断面尺寸，并能方便地处理数据、输出结果。通过对量测数据的处理可得到衬砌结构的变形量和变形速率，变形量反映隧道净空的变化以及建筑限界是否受侵，变形速率反映衬砌横断面形状随时间的变化过程。因此，选取变形量、变形速率作为衬砌变形的属性指标。

2. 衬砌裂缝

裂缝是衬砌结构破损最直观的表现，其状态可用裂缝部位、长度、宽度、深度、发展性、密度、方向等因素来描述。目前，在根据裂缝的长度和宽度判定裂缝等级时，多是综合考虑两者的影响，而不是单独采用长度或宽度来判定。因此，将裂缝长度与宽度合为一个指标。

裂缝深度对隧道衬砌结构承载力有着重要影响。刘学增等人的研究结果表明，隧道拱顶安全系数随裂缝深度的增加呈线性降低，当裂缝深度为衬砌厚度的 50%时，拱顶安全系数仅有 0.99，安全系数降低了 78%。另外，测深仪可以方便地测取裂缝深度。因此，从科学性和可操作性角度考虑，把裂缝深度作为衬砌裂缝的属性指标。

在现场检测中，短时间内有时无法确定裂缝是否存在发展，且在根据裂缝长度和宽度判断衬砌裂缝状况值时，已经考虑裂缝发展性的影响。因此，从独立性和可操作性角度考虑，未将裂缝的发展性作为衬砌裂缝的属性指标。

为考虑裂缝方向与密度的影响，《公路隧道养护技术规范》（JTG H12—2015）中规定，在对衬砌裂缝状况评定时，主要以纵向裂缝或剪断裂缝为对象，对于横向裂缝，在评定时将状况值相应地降低 1 个等级即可；0.3~0.5 mm 以上且分布密度大于 200 cm/m^2 的裂缝，将状况值提高 1 个等级。因此，从独立性和简捷性角度考虑，方向、密度只作为衬砌裂缝的属性指标。在评价时可未将裂缝方向、密度只作为衬砌裂缝的属性指标。因此，选取裂缝长度与宽度、深度作为衬砌裂缝的属性指标。

3. 衬砌厚度及背后空洞

为研究衬砌厚度与结构承载力的关系，日本进行了相关的模型试验，结果表明，若满足设计厚度的承载力为 1，拱部衬砌厚度分别为设计厚度的 3/4、1/2 时，其衬砌承载力分别为 0.4 和 1/12。衬砌设计厚度因围岩级别而异，为统一描述衬砌厚度的情况，采用衬砌厚度比（实测厚度/设计厚度）作为衬砌厚度的属性指标。

衬砌背后空洞是施工中常出现的情况，不仅恶化了衬砌的受力条件，还可能产生突然性崩塌，造成结构的破坏。目前，在用地质雷达对衬砌背后空洞进行检测时，可容易获取不同位置空洞的高度（即径向尺寸）、纵向长度，而空洞的环向范围不易获得。另外，衬砌背后空洞环向范围越大，最终承载力越低，但差异不大。因此，从可操作性和简捷性角度考虑，只选取空洞高度、空洞纵向长度作为衬砌背后空洞的属性指标。

4. 衬砌材质劣化

隧道在服役过程中，衬砌结构长时间遭受环境水、气体中侵蚀性介质等作用，会因发生物理、化学反应而导致性能劣变，即衬砌强度降低、混凝土碳化、衬砌起层剥落、钢材腐蚀等。

衬砌强度能直接反映衬砌材质的劣化情况，是结构材料检查中的重要指标。《公路隧道养护技术规范》（JTG H12—2015）推荐用有效衬砌厚度与设计衬砌厚度之比来反映衬砌断面强度的变化，但在检测中有效厚度难以获得，而衬砌强度可用回弹法或超声-回弹综合法方便得到，因此采用衬砌强度比（实际强度/设计强度）来表征衬砌强度的变化。在回弹法或超声-回弹法测定衬砌强度时，需要利用碳化检测结果来修正，根据选取指标的独立性原则，未将混凝土碳化作为衬砌材质劣化的属性指标。

衬砌的起层、剥落及掉块，多为材料长期劣化并与渗漏水有关。在实际检测中，以锤子和标尺为工具，通过锤击声的强度、频率、音质等判断有无剥落的可能，并用标尺量测掉落区域的深度和范围（等效直径）。由于衬砌混凝土剥落的深度与直径能直观地反映结构的破损程度，因此，选取剥落深度、剥落直径作为衬砌材质劣化的属性指标。

钢筋混凝土衬砌结构在二氧化碳、氯离子等腐蚀性介质的作用下，混凝土的碱性降低、钢筋表面钝化，在有水和氧气的条件下，钢筋就会腐蚀，体积开始膨胀，从而导致混凝土的开裂以及钢筋有效面积的减小，结构承载力的降低。钢筋的腐蚀情况可采用半电池电位法来测定，该方法认为混凝土钢筋腐蚀是一电化学过程，可通过测定钢筋混凝土腐蚀体系的电化学特性来确定钢筋的锈蚀程度，且具有测试速度快、灵敏度高等优点。

因此，可用衬砌强度比、剥落深度、剥落直径、钢筋腐蚀作为衬砌材质劣化的评价指标。

5. 渗漏水

渗漏水是隧道的通病，不仅造成路面湿滑，威胁行车安全，还会降低风机和灯具的工作效率。在寒冷地区，渗漏水还会引起各种冻害，恶化隧道的运营环境。渗漏水可用漏水位置、漏水压力、漏水流量、漏水状态、漏水混浊情况、pH 值、冻害等指标来反映。

漏水状态是渗漏水程度的直观反映。在分析漏水状态时，需要考虑漏水部位、漏水压力、漏水流量。另外，漏水混浊情况难以准确测量。因此，从独立性和可操作性的角度考虑，未将漏水部位、漏水压力、漏水流量、漏水混浊情况作为渗漏水的属性指标。

具有强酸性的渗漏水，会加速衬砌结构的劣化，在检测中渗漏水的酸碱度可用 pH 试纸方便测取。对于南方山区公路隧道，可不考虑冻害的影响。

因此，采用漏水状态、pH 值作为渗漏水的属性指标。

6.2 单指标判定标准

6.2.1 衬砌裂损判定标准

在日本《公路隧道维持管理便览》和我国《公路隧道养护技术规范》中，都给出了衬砌裂缝的定性判定标准，两个判定标准基本相同，只在表述上略有区别。为此，衬砌裂缝的定性判定采用我国的标准，如表 6-1 所示

表 6-1 公路隧道衬砌裂缝的定性判定标准

判定	3A	2A	1A	B
裂缝状态	裂缝密集，出现剪切裂缝，并且发展速度快	裂缝密集，出现剪切裂缝，并且发展速度较快	存在裂缝，有一定发展趋势	存在裂缝，但无发展趋势

1. 基于衬砌裂缝长度和宽度的判定标准

基于衬砌裂缝长度和宽度的判定标准有以下几类：

（1）根据衬砌裂缝的宽度判定。我国《铁路工务技术手册——隧道》按衬砌裂缝的宽度将衬砌裂缝定量地分为四级，如表 6.2 所示。在美国《铁路交通隧道和地下建筑物检查方法和程序》中，将衬砌裂缝定性地分为轻微的、中等的、严重的三级。在美国《公路和铁路交通隧道检查手册》中，对非预应力混凝土衬砌，按衬砌裂缝宽度将衬砌裂缝定量地分为三级，如表 6-2 所示对预应力混凝土衬砌，衬砌裂缝宽度超过 0.1 mm 时就认为是严重的，不超过 0.1 mm 是中等的。我国《铁路隧道设计规范》规定，钢筋混凝土衬砌结构构件，按荷载基本组合所求得的最大裂缝宽度不应大于 0.2 mm。李治国根据《混凝土结构设计规范》（GBJ 10—89）、《铁路隧道设计规范》（TB 10003—2001）、《民用建筑可靠性鉴定标准》（GB 50292—1999）三个规范或标准的有关规定，并参照国内多座铁路、公路隧道、地下铁道区间隧道和车站的设计标准以及多座病害隧道的调查、统计资料和整治经验，将钢筋混凝土结构衬砌的隧道裂缝宽度影响程度分为四级，如表 6-2 所示，并利用断裂力学的方法研究了衬砌开裂后隧道的稳定性。

表 6-2 衬砌裂缝判定标准

序号	裂缝判定			
	裂缝宽度 b/mm			
1	大	中	小	毛细
	>20	2~20	0.3~2	≥0.3
2	严重	中等	轻微	
	>3.2	0.8~3.2	≥0.8	
3	严重影响	较大影响	较小影响	轻微影响
	≥0.5	0.3~0.5	0.2~0.3	>0.2

注：1 代表《铁路工务技术手册——隧道》，2 代表美国《公路和铁路交通隧道检查手册》，3 代表李治国划分等级。

（2）根据衬砌裂缝的长度和宽度判定。在日本《铁道土木构造物等维持管理标准·同解说（隧道编）》中，给出了根据衬砌裂缝的长度和宽度对衬砌裂缝进行定量判定分级的标准，如表 6-3 所示。在日本《公路隧道维持管理便览》和我国《公路隧道养护技术规范》中，也都给出了根据衬砌裂缝长度和宽度对衬砌裂缝进行定量判定的标准，两个标准基本相同。判定时，首先根据衬砌裂缝有无发展将衬砌裂缝分为存在开展的裂缝和无法确定是否存在开展的裂缝两类，然后根据衬砌裂缝的长度和宽度给出了这两种情况下的衬砌裂缝判定标准，如表 6-4 和表 6-5 所示，表中的裂缝是以水平方向的裂缝或剪断裂缝为主要对象的，对于横向裂缝，可将判定分级相应降低个 1 等级即可。对宽度为 0.3~0.5 mm 以上的裂缝，其分布密度大于 200 cm/m^2 时，可提高个 1 判定等级或者采用判定等级中较高的等级。在我国《铁路桥隧建筑物劣化评定标准 隧道》（TB/T 2820.2—1997）中，则采用定量和定性相结合的方法将衬砌裂缝分为五级，定量时综合考虑了衬砌裂缝的长度和宽度，如表 6-6 所示。

表 6-3 日本铁路隧道衬砌裂缝判定标准

裂缝宽度 b/mm	裂缝长度 l/m		
	>10	5~10	<5
>5	A1/AA	A1	A1
3~5	A1	A1	A2

表 6-4 当衬砌裂缝存在开展时的判定标准

裂缝宽度 b/mm	裂缝长度 l/m	
	>5	≤5
>3	2A/3A	1A/2A
≤3	1A	1A

表 6-5 当无法确定衬砌裂缝是否存在开展时的判定标准

裂缝长度 l/m	裂缝宽度 b/mm		
	>10	5~10	≤5
>5	2A/3A	1A/2A	1A/2A
3~5	2A	1A/2A	1A
≤3	1A/B	1A/B	1A/B

表 6-6 我国铁路隧道衬砌裂缝的判定标准

判定		裂缝状态
A	AA	长度 $l>10$ m，宽度 $b>5$ mm，且变形继续发展，拱部开裂呈块状，有可能掉落
A	A1	l 为 5~10 m，$b>5$ mm；开裂使衬砌呈块状，在外力作用下有可能崩塌和剥落
B		$l<5$ m 且 5 mm≥b≥3 mm；裂缝有发展，但速度不快
C		$l<5$ m 且 $b<3$ mm
D		一般龟裂或无发展状态

（3）根据衬砌裂缝的图像判定。国内外学者已研究用图像分析技术来定量评价混凝土裂缝，该方法是基于图像分析技术，通过对裂缝图像进行处理获得所需的图像特征，并分析运算出相应的特征参数，然后采用合理的运算法则来量化二值化图像中可用表征裂缝信息的指标，从而实现对裂缝的定量评价。Liu 等通过处理探测到的衬砌裂缝图像，根据裂缝图像处理结果将裂缝分为有裂缝、无裂缝、中间状态三种情况。由于该方法中所用的裂缝图像是用裂缝探测仪器检测的，检测结果比用人工检查更准确，但该分级方法是通过对图像处理后的附图进行分析后得到的，需要对大量图像分析研究，而且目前只能分析直线型裂缝图像，识别精度也不太高，还不能推广应用。

根据上面的分析可知，第三类判定方法目前还处于研究阶段。第二类判定方法综合考虑了衬砌裂缝的长度、宽度对隧道衬砌结构的影响，与第一类判定方法相比，该类判定方法更全面。同时，在第二类判定方法中，与铁路隧道规范相比，在日本和我国的公路隧道规范中，判定时还综合考虑了裂缝的发展性、方向、密度等因素，考虑更细致，实用性更强。为此，基于衬砌裂缝长度和宽度的判定标准采用我国公路隧道的判定标准。

2. 基于衬砌裂缝深度的判定标准

对衬砌裂缝深度的判定，目前还鲜有研究，在我国《公路隧道养护技术规范》中，只是给出了衬砌裂缝深度的检测方法，尚未给出判定标准。冯晓燕、李治国、张玉军等利用平面有限元位移法和断裂力学分析了衬砌裂缝的深度、宽度和条数对二次衬砌开裂后的隧道承载能力的影响，结果如图 6-2 和图 6-3 所示（假定裂缝对称地位于拱腰，图中 *f* 代表开裂隧道衬砌的承载安全系数，*k* 代表裂缝深度与衬砌厚度的比值）。

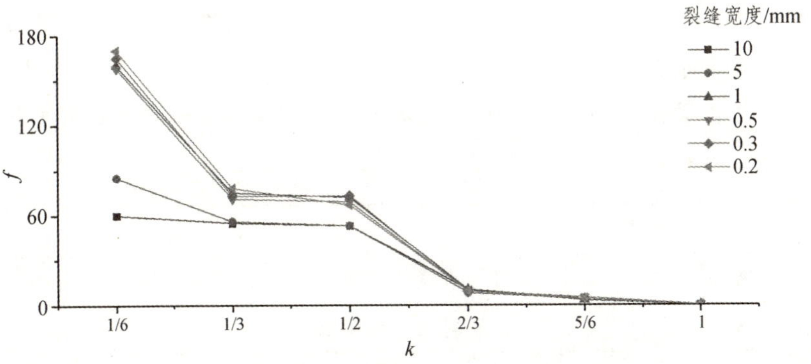

图 6-2　具有两条裂缝的隧道承载安全系数

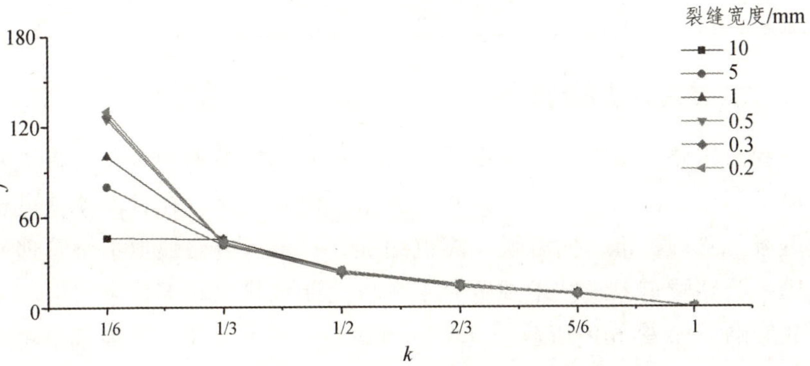

图 6-3　具有四条裂缝的隧道承载安全系数

可以看出，二次衬砌开裂后的隧道衬砌承载安全系数 f 的值随裂缝深度与衬砌厚度比值 k 的增大而减小；当 k 值小于 1/3 时，f 值随 k 值的增大而迅速减小；当 k 值由 1/3 增大到 1/2 时，在图 6-1 中，f 值变化不大，在图 6-2 中，f 值有一定程度的减小；当 k 值由 1/2 增大到 2/3 时，f 值随 k 值的增大而减小；当 k 值由 2/3 增大到 1 时，f 值随 k 值的增大而减小。为此，从安全性的角度考虑，采用了如表 6-7 所示的基于衬砌裂缝深度的判定标准。

表 6-7 基于衬砌裂缝深度的判定标准

判定	3A	2A	1A	B
k（裂缝深度/衬砌厚度）	$k<1/3$	$1/3<k<1/2$	$1/2<k<2/3$	$k>2/3$

6.2.2 渗漏水的判定标准

1. 渗漏水定性判定标准

在日本《公路隧道维持管理便览》和我国《公路隧道养护技术规范》中，都给出了渗漏水的定性判定标准，两个判定标准基本相同，只在表述上略有区别。为此，渗漏水的定性判定标准采用我国的标准，如表 6-8 所示。

表 6-8 公路隧道渗漏水的定性判定标准

判定	渗漏水状态
3A	从衬砌裂缝等处喷射水流，严重影响行车安全
2A	从衬砌裂缝等处涌水，影响行车安全
1A	从衬砌裂缝等处漏水，不久可能会影响行车安全
B	从衬砌裂缝等处渗水，几乎不影响行车安全

2. 基于渗漏水状态的判定标准

在我国铁路隧道养护工作中，高鹤江、刘修炜根据漏水程度将渗漏水定性地分为润湿、渗水、滴水、漏水、射水、涌水六级。在日本《铁道土木构造物等维持管理标准·同解说（隧道编）》、日本《公路隧道维持管理便览》和我国《公路隧道养护技术规范》中，根据漏水状态和部位来判定渗漏水对隧道的影响，如表 6-9 所示。其中，根据漏水压力、流量等因素将隧道漏水状态定性地分为浸渗、滴漏、涌流、喷射四级，如图 6-4 所示，这种四级漏水状态实际上是前面六级漏水状态的一种精简。在美国《铁路交通隧道和地下建筑物检查方法和程序》中，将渗漏水定性地分为轻度的、中度的和严重的三个等级。在美国《公路和铁路交通隧道检查手册》中，对这个标准进行了量化，即轻度的（混凝土表面潮湿但无滴水）、中度的（流量小于 30 滴/秒）、严重的（流量大于 30 滴/秒）。在《地下工程防水技术规范》中，采用定性描述和定量相结合的方法将隧道防水等级分为四级，如表 6-10 所示。杨新安等介绍了一种国外的隧道防水分级方法，该方法按最大允许渗漏量将隧道防水等级定量地分为七级，即一级（肉眼看不出）、二级［1 L/（m^2·d）］、三级［3 L/（m^2·d）］、四级［13 L/（m^2·d）］、五级［30 L/（m^2·d）］、六级［100 L/（m^2·d）］、七级（不限制）。

可以看出，目前对隧道漏水状态还是以定性判定为主，尽管地下工程防水标准以定量的形式给出了防水等级，但由于地下工程防水要求比隧道渗漏水更严格，因此还不能应用于隧道渗漏水判定。从实用性的角度考虑，采用表 6-10 中的判定标准作为基于漏水状态的判定标准。

（a）喷射　（b）涌流　（c）滴漏　（d）浸渗

图 6-4　漏水状态的分类

表 6-9　隧道渗漏水判定标准

部位	漏水状态			
	喷射	涌流	滴漏	浸渗
拱部	3A	2A	1A	B
侧墙	2A	1A	1A	B
是否影响行车	是	是	是	否

注：此表主要根据漏水是否妨碍车辆行驶进行判定。例如漏水喷出妨碍车辆行驶，就可判定为 3A。

表 6-10 地下工程防水等级标准

防水等级	标　准
四级	有漏水点不得有线流和漏泥砂，整个工程平均漏水量不大于 2 L/(m^2·d)；任意 100 m^2 防水面积的平均漏水量不大于 4 L/(m^2·d)
三级	有少量漏水点，不得有线流和漏泥砂，任意 100 m^2 防水面积上的漏水点数不超过 7 处，单个漏水点的最大漏水量不大于 2.5 L/d，单个湿渍的最大面积不大于 0.3 m^2
二级	不允许漏水，结构表面可有少量湿渍。工业与民用建筑：总湿渍面积不应大于总防水面积(包括顶板、墙面、地面)的 1/1 000；任意 100 m^2 防水面积的湿渍不超过 1 处，单个湿渍的最大面积不大于 0.1 m^2。其他地下工程：总湿渍面积不应大于总防水面积的 6/1 000；任意 100 m^2 防水面积上的湿渍不超过 4 处，单个湿渍的最大面积不大于 0.2 m^2
一级	不允许渗水，结构表面无湿渍

3. 基于渗漏水 pH 值的判定标准

在我国《铁路工务技术手册——隧道》(修订本)中，将侵蚀性环境水对隧道衬砌混凝土的侵蚀程度定量地分为三级，如表 6-11 所示。在日本《铁道土木构造物等维持管理标准·同解说(隧道编)》、日本《公路隧道维持管理便览》、我国《铁路桥隧建筑物劣化评定标准　隧道》和我国《公路隧道养护技术规范》中，将渗漏水 pH 值对隧道衬砌腐蚀的影响程度定量地分为四级，判定标准如表 6-12 所示。从实用性和使用广泛性的角度考虑，基于渗漏水 pH 值的判定标准采用表 6-12 中的判定标准。

表 6-11 环境水对混凝土酸性侵蚀的判定标准

侵蚀程度	强侵蚀	中等侵蚀	弱侵蚀
pH 值	6.5~5.5	5.4~4.5	<4.5

表 6-12 基于漏水 pH 值的判定标准

腐蚀等级	pH 值	对混凝土的作用
3A	<4.0	水泥溶解崩溃
2A	4.1~5.0	在较短时间内表面凸凹不平
1A	5.1~6.0	表面易损坏
B	6.1~7.9	在混凝土使用初期要注意

4. 基于冻害的判定标准

在日本《公路隧道维持管理便览》和我国《公路隧道养护技术规范》中，对冻害的判定都是定性的，判定标准也基本相同，如表6-13所示。在我国《铁路桥隧建筑物劣化评定标准 隧道》中，将冻害对隧道功能的影响程度定性地分为五级。由于我国铁路隧道冻害判定标准较为复杂，且与公路隧道相比，判定时还要考虑洞内网线设备、道床、轨道等因素，因此，将铁路隧道冻害判定标准应用到公路隧道冻害判定中，还有一定困难。为此，基于冻害的判定标准采用我国公路隧道的判定标准，如表6.13所示。

表6-13 基于冻害的判定标准

判定	2A	B
是否影响行车	是	否

6.2.3 材质劣化判定标准

1. 基于衬砌强度的判定标准

在日本《公路隧道维持管理便览》和我国《公路隧道养护技术规范》中，都给出了衬砌断面强度降低的定性判定标准，两个判定标准基本相同，只在表述上略有区别。为此，衬砌断面强度降低的定性判定标准采用我国的标准，如表6-14所示。

表6-14 衬砌强度定性判定标准

判定	衬砌断面强度降低
3A	由于材料劣化等原因，断面强度明显下降，结构物功能损害明显
2A	由于材料劣化等原因，断面强度有相当程度的下降，结构物功能受到一定的损害
1A	由于材料劣化等原因，断面强度有所下降，结构物功能可能受到损害
B	存在材料劣化情况，但对断面强度几乎没有影响

在日本《铁道土木构造物等维持管理标准·同解说（隧道编）》、日本《公路隧道维持管理便览》和我国《公路隧道养护技术规范》中，都采用有效衬砌厚度和设计衬砌厚度之比来表示衬砌断面强度的变化，如表6-15和表6-16所示（其中，中国和日本公路隧道的判定标准相同）。所谓有效衬砌厚度，是

指混凝土强度不小于设计标准强度的衬砌的厚度，当不了解设计标准强度时，可取 14.7 MPa 为标准。在我国《铁路桥隧建筑物劣化评定标准　隧道》中，采用定量与定性相结合的方法将衬砌材料劣化程度分为五级。公路隧道和日本铁路隧道的判定标准是全量化的判定标准，而且公路隧道的判定标准更简便，因此，以我国公路隧道的判定标准为基础来建立衬砌强度和厚度的判定标准。

表 6-15　日本铁路隧道衬砌强度判定标准

有效厚度/设计厚度、有效厚度	判定
有效厚度/设计厚度<1/3，有效厚<250 mm	A2/AA
1/3≤效厚度/设计厚<2/3	B/A2

注：当劣化范围是极小部分时，可降低一级。

表 6-16　我国公路隧道衬砌强度判定标准

判定	2A	1A	B
有效厚度/设计厚度	<1/2	1/2~2/3	>2/3

注：实际的衬砌有效厚度必须确保 30 cm，如小于 30 cm 即可考虑判定为 1A/2A 级。

由于通过隧道调查和检测可以得到隧道衬砌的实际强度和实际厚度，因此，以直接用隧道衬砌的实际强度与设计强度之比来反映隧道衬砌断面强度的变化。为此，采用如表 6-17 所示的基于衬砌强度的判定标准。

表 6-17　基于衬砌强度的判定标准

判定	2A	1A	B
实际强度/设计强度	<1/2	1/2~2/3	>2/3

2. 基于衬砌厚度的判定标准

在我国《公路隧道养护技术规范》中，采用有效厚度与设计厚度之比作为衬砌劣化的一个方面。由于在目前的公路隧道调查和检测工作中，可以得到隧道衬砌的设计厚度和实际厚度，但要得到设计标准强度以下部分的衬砌厚度比较困难，从而很难得到隧道衬砌的有效厚度，因此，用衬砌有效厚度与设计厚度之比来表示还存在一定的难度。为此，用实际厚度与设计厚度之比作为衬砌厚度的判定指标，并采用表 6-18 所示的基于衬砌厚度的判定标准。

表 6-18　基于衬砌厚度的判定标准

判定	2A	1A	B
实际厚度/设计厚度	<1/2	1/2~2/3	>2/3

3. 基于钢材腐蚀的判定标准

在日本《公路隧道维持管理便览》和我国《公路隧道养护技术规范》中，都只是给出了钢材腐蚀的定性判定标准，两个判定标准基本相同，如表 6-19 所示。

表 6-19　钢材腐蚀的定性判定标准

主要原因	腐蚀程度	判定
盐害、渗漏水、酸（碱）化等	钢材断面减小程度明显，钢结构功能受损	2A
	浅孔蚀或钢筋全周生锈	1A
	表面或小面积的腐蚀	B

对于钢筋混凝土结构，可用截面损失率来表征钢筋锈蚀程度，截面损失率可采用取样检查法和裂缝观察法等方法确定。

取样检查法就是破开混凝土保护层直接检查钢筋锈蚀情况，如剩余直径、剩余周长、腐蚀坑深度和长度或锈蚀产物的厚度等，根据量测结果就可以计算出钢筋截面的损失率。采用取样检查法时，宜选择构件上钢筋锈蚀比较严重的部位，如保护层被胀裂，剥落处，和保护层有空鼓现象等部位。量测钢筋剩余直径和剩余周长前，应将钢筋除锈，使钢筋露出金属的光泽。

裂缝观察法是根据混凝土裂缝的形状、分布及裂缝宽度等来判断钢筋的锈蚀程度，该方法的优点是不必凿出钢筋。钢筋锈蚀后会产生体积膨胀，造成混凝土出现顺筋裂缝，因此，通过观察混凝土构件表面有无顺筋裂缝和裂缝宽度可判定钢筋锈蚀程度。建研院结构所的调研和试验数据表明，钢筋截面损失率与裂缝宽度等指标有以下关系：

$$\lambda = 507\mathrm{e}^{0.007a} f_{\mathrm{cu}}^{-0.09} d^{-1.76} \quad (0 \leqslant b < 0.2\mathrm{mm}) \tag{6-1}$$

$$\lambda = 232\mathrm{e}^{0.008a} f_{\mathrm{cu}}^{-0.567} \mathrm{d}^{-1.08} \quad (0.2 \leqslant b < 0.4\mathrm{mm}) \tag{6-2}$$

式中　λ——钢筋截面损失率（%）；

a——混凝土保护层厚度（mm）；

f_{cu}——混凝土立方体强度（MPa）；

d——钢筋直径（mm）;

b——锈蚀裂缝宽度（mm）。

基于截面损失率的钢筋锈蚀判定标准如表 6-20 所示，这是根据我国《公路旧桥承载能力鉴定方法（试行）》中钢筋锈蚀等级评定标准建立的。

表 6-20　基于钢筋锈蚀的判定标准

判定	3A	2A	1A	B
截面损失率	>25%	10%~25%	3%~10%	0~3%

6.2.4　衬砌脱空判定标准

1. 衬砌背后空洞的定性判定标准

在日本《公路隧道维持管理便览》和我国《公路隧道养护技术规范》中，从突发性崩塌的角度给出了衬砌背后空洞的定性判定标准，两个判定标准基本相同，只在表述上略有区别。为此，衬砌背后空洞的定性判定标准采用我国的标准，如表 6-21 所示。

表 6-21　衬砌背后空洞的定性判定标准

判定	衬砌背后空洞
3A	衬砌拱部背面存在较大的空洞，且衬砌有效厚度很薄，空腔上部可能掉落至拱背
2A	拱部背面存在大的空洞，上部落石可能掉落至拱背
1A	衬砌侧面存在空隙，估计随着地下水的作用，空隙会扩大
B	—

2. 基于空洞深度的判定标准

在日本《公路隧道维持管理便览》和我国《公路隧道养护技术规范》中，未给出基于衬砌背后空洞深度的判定标准，只是指出当拱背存在高 30 cm 以上的空洞且有效衬砌厚度小于 30 cm 时，空腔落石就有可能砸坏衬砌结构，导致突发性崩塌的发生，认为类似情况可按 2A/3A 判定；对曾经发生塌方的地方或节理发育、漏水严重的地段，尤其应给予充分的注意。根据关宝树介绍的一种衬砌背后空洞深度的判定标准（见表 6-22）和我国《公路隧道养护技术规范》的规定，采用的基于空洞深度的判定标准，如表 6-23 所示。

表 6-22 衬砌背后空洞深度的判定标准

判定	A	B	C	OK
空洞深度/mm	>500	100~500	<100	0

表 6-23 基于空洞深度的判定标准

判定	3A	2A	1A	B
空洞深度 l_k/mm	$l_k>500$	$100<l_k\leqslant 500$	$0<l_k\leqslant 100$	0

注：当拱背存在高 30 cm 以上的空洞且有效衬砌厚度小于 30 cm 时，可判定为 2A/3A 级。

6.2.5 衬砌变形判定标准

在日本《公路隧道维持管理便览》和我国《公路隧道养护技术规范》中，给出了衬砌变形、移动、沉降的定性判定标准，这两个标准基本相同，只是在表述上略有区别。为此，衬砌变形、移动、沉降的定性判定标准采用我国的标准，如表 6-24 所示。

表 6-24 衬砌变形、移动、沉降的定性判定标准

判定	描　述
3A	出现变形、位移、沉降，结构物应有的功能明显下降
2A	出现变形、位移、沉降，估计近期内结构物功能会下降
1A	出现变形、位移，但发展缓慢
B	虽存在变形、位移、沉降，但已停止发展，已无可能再发生异常情况

1. 基于变形速度的判定标准

日本铁路隧道以净空位移量测的变形速度作为衬砌变形的判断指标，将衬砌变形分为三级，如表 6-25 所示，当发展趋势是加速时，要提高 1 个判定等级。日本《公路隧道维持管理便览》和我国《公路隧道养护技术规范》中的判定标准类似于日本铁路隧道的判定标准，实际上是对日本铁路隧道判定标准的补充完善，如表 6-26 所示。我国《铁路桥隧建筑物劣化评定标准　隧道》中给出的变形判定标准也类似于日本铁路隧道，但分为五级，增加了定性描述的两级，其他同日本铁路隧道，如表 6-27 所示。在这几个规范或标准中，基于变形速度的判定标准基本相同，且公路隧道的判定标准更完善。因

此，基于变形速度的判定标准采用我国的标准，如表 6-26 所示。

表 6-25　基于变形速度的判定标准（日本铁路隧道）

判定	AA	A1	A2
变形速度/（mm/a）	>1	3~10	1~3

表 6-26　基于变形速度的判定标准（我国公路隧道）

判定	3A	2A	1A	B
变形速度 v/（mm/a）	$v\geqslant10$	$3\leqslant v<10$	$1\leqslant v<3$	$v<1$

表 6-27　我国铁路隧道的变形判定标准

<table>
<tr><th colspan="2">判定</th><th>变形或移动</th></tr>
<tr><td>A</td><td>AA</td><td rowspan="2">滑坡滑动使衬砌移动加速；衬砌变形、移动、下沉发展迅速，威胁行车安全现象或移动速度 v>10 mm/a</td></tr>
<tr><td>A</td><td>A1</td></tr>
<tr><td colspan="2">B</td><td>变形或移动速度为（3~10）mm/a，而且有新的变形出现</td></tr>
<tr><td colspan="2">C</td><td>有变形，但速度 v<3 mm/a</td></tr>
<tr><td colspan="2">D</td><td>有变形，但不发展，而且对使用无影响</td></tr>
</table>

衬砌的变形、移动、沉降一般为逐渐变化，在地震、滑坡、暴雨后可能会发生明显的变化。在北方寒冷地区，结构由于冻胀而变形，并随季节的循环而反复发生。所以，基于变形等量测结果判定隧道健康状态时，需要有一定的时间。

从隧道断面形状来看，一般来说，单线断面对侧向地压的变形是敏感的；相反，对垂直荷载的增大，双线断面是敏感的。

洞口附近的覆盖层厚度较薄，结构的变形、移动、沉降即使不大，也可能导致斜坡不稳、拱背产生空洞和漏水增加等，检查时需充分注意。当断面变形时，一般是路面、边沟等处首先发生变化，因此检查时需特别留意这些地方。对于隧道净空等的变化，如果变形呈现加速进行，宜将判定升高 1 个等级；对于因山体滑移等而导致衬砌移动，应判定为 2A/3A，以采取紧急对策措施。

2. 基于变形量的判定标准

在隧道建筑限界内，不得有任何部件侵入，因此对于隧道轮廓变形量的判定，采用变形量与隧道内轮廓到建筑限界的距离（简称内限距）之比作为判定指标，建立的判定标准如表6-28所示，表中 S 表示变形量与内限距之比。

表6-28　基于变形量的判定标准

判定	3A	2A	1A	B
S	$S \geqslant 3/4$	$3/4 > S \geqslant 1/2$	$1/2 > S \geqslant 1/4$	$1/4 > S$

6.2.6　衬砌剥落判定标准

1. 衬砌起层、剥落的定性判定标准

在日本《公路隧道维持管理便览》和我国《公路隧道养护技术规范》中，给出了衬砌起层、剥落的定性判定标准，这两个标准基本相同，只是在表述上略有区别。为此，衬砌起层、剥落的定性判定标准采用我国的标准，如表6-29所示

表6-29　衬砌起层、剥落的定性判定标准

原因判定	外荷载作用所致	衬砌劣化所致
3A	由于拱顶裂缝密集，衬砌开裂，导致起层、剥落，混凝块可能掉下	由于拱顶部位的材料劣化，导致混凝土起层、剥落，混凝土可能掉落或已掉落
2A	侧墙处裂缝密集，衬砌压裂，导致起层、剥落，侧墙混凝土有可能掉下	由于侧墙部位材料劣化，导致混凝土起层、剥落，混凝土可能掉落或已掉落
1A	—	—
B	—	难以确定起层、剥落

2. 基于衬砌掉落可能性的判定标准

在日本《公路隧道维持管理便览》和我国《公路隧道养护技术规范》中，给出了基于衬砌掉落可能性的判定标准，这两个标准是相同的，如表6-30所示。这个标准是针对混凝土的，对于防水砂浆等材料的掉落，由于剥落层较薄，可降低一个判定等级。

表 6-30 基于衬砌掉落可能性的判定标准

部位	掉落的可能性	
	有	无
拱部	3A	B
侧墙	2A	B

3. 基于衬砌起层、剥落深度和直径的判定标准

在日本《铁道土木构造物等维持管理标准·同解说（隧道编）》中，根据落下的块体大小将剥落、剥离分为三级，如表 6-31 所示，在判定时还应根据预计频率和线区列车密度来修正等级。由于防止漏水，砂浆的材料劣化而产生的剥落、剥离，因为比较薄，可降低一个判定等级。

表 6-31 日本铁路隧道衬砌剥落的判定标准

判定	AA	A1	A2
落下的块体大小	大于砖块	接近砖块	接近集料

在美国《铁路交通隧道和地下建筑物检查方法和程序》中，将隧道衬砌的剥落定性地分为轻微的、中等的、严重的三个等级，在美国《公路和铁路交通隧道检查手册》中，将这个定性判定等级进行了定量化，对于表面砂浆和骨料的剥落采用如表 6-32 所示的判定标准，对于混凝土的剥落采用如表 6-33 所示的判定标准。同时，根据鼓出后产生的孔洞的直径将鼓出分为轻微的、中等的、严重的三个等级，如表 6-34 所示，当直径大于 75 mm 时，鼓出就是剥离。

表 6-32 表面砂浆和骨料剥落的判定标准

判定	表面砂浆和粗骨料的剥落
严重的	砂浆流失深度大于 25 mm，表面砂浆、粗骨料、骨料间的砂浆均流失
中等的	表面砂浆流失深度达 6~25 mm，部分粗骨料间的砂浆已流失
轻微的	表面砂浆流失深度小于 6 mm，可见到粗骨料

表 6-33 混凝土剥落的判定标准

判定	混凝土的剥落
严重的	剥落深度大于 25 mm，剥落直径大于 150 mm，且剥落处都有钢筋外露
中等的	剥落深度为 12~25 mm，或剥落直径接近 150 mm
轻微的	剥落深度小于 12 mm，或剥落直径为 75~150 mm

表 6-34 鼓出的判定标准

判定	鼓出后产生的孔洞的直径
严重的	50~75 mm
中等的	10~50 mm
轻微的	≤10 mm

从上面可以看出，日本铁路隧道的剥落判定标准比较粗糙，美国《公路和铁路交通隧道检查手册》中的剥落判定标准更细一些。为此，以美国隧道检查手册中的剥落判定标准为基础来建立基于剥落深度、直径的判定标准，如表 6-35 和表 6-36 所示。

表 6-35 基于衬砌剥落深度的判定标准

判定	3A	2A	1A	B
剥落的深度 l_b/mm	$l_b>25$	$25 \geqslant l_b>12$	$12 \geqslant l_b>6$	$6 \geqslant l_b$

表 6-36 基于衬砌剥落直径的判定标准

判定	3A	2A	1A	B
剥落的直径 D/mm	$D>150$	$150 \geqslant D>75$	$75 \geqslant D>50$	$50 \geqslant D$

6.3 多指标综合判定标准

6.3.1 评价等级的制定

公路隧道衬砌结构健康状况是较为模糊抽象的，在实际评价操作中难以界定，为了对其健康状况进行定量评价，需要将衬砌结构健康状况划分为若干可度量的评价标准，并对各标准加以说明。也就是构造健康评价标准的集合，并对集合中的每一元素加以定义。健康评价标准内容的多少受到现行相关规范、已有方法、工程特点、实践经验等多因素的影响。若评价标准内容太少，可能会造成评价结果忽略某些重要信息，不能真实反映出衬砌结构的健康状况；若内容太多，过于详细，各评价标准区间界限不易确定，增加了操作的难度。因此，在分析国内外现有隧道健康标准内容方法的基础上，结合我国隧道工程的特点，制定公路隧道衬砌结构健康评价标准。现有隧道健康标准有三级划分法、四级划分法、五级划分法、十级划分法等。

1. 三级划分法

在德国铁路隧道设计、施工与养护规范（DS853）中，将隧道衬砌的损坏和缺陷划分为三个等级，并用损坏数码 1、2、3 表示。日本公路隧道在检查阶段中，根据健全度将隧道安全等级分为 A（变异显著）、B（有变异）、C（健全）三级。

2. 四级划分法

在日本铁路隧道总体检查中，利用健全度指标将隧道安全等级分为 A、B、C、S 四级，A 级又细分为 AA、A1、A2 三级，如表 6-37 所示。

表 6-37　日本铁路隧道健全度等级

等级	对运营安全的影响	变异程度	措施
AA	危险	重大	立即采取
A1	迟早会造成威胁，有异常外力时危险	变异发展，功能继续降低	及早采取
A2	以后有危险	变异发展，功能会降低	必要时采取
B	如发展，变为 A 级	如发展，变为 A 级	监视（必要时采取）
C	现状时无影响	轻微	重点检查
S	无影响	无	

在日本公路隧道调查阶段中，也是采用健全度的方法将隧道的健康等级划分为 3A、2A、A、B 四级，如表 6-38 所示。

表 6-38　日本公路隧道健全度划分等级（调查阶段）

判定分级	判定内容
3A	变异显著，对第三者、通行车辆有危险，应立刻采取对策
2A	有变异且在发展，早晚会对通行者、通行车辆造成威胁，宜尽早采取对策
A	有变异，将来对通行者、通行车辆会造成威胁，应重点监视，有计划地采取对策
B	无变异，或变异轻微，对通行者、通行车辆无影响，可进行监视

3. 五级划分法

日本在对水工隧洞健全度的判定时，以断水为原则将水工隧洞健全度分为五级，如表 6-39 所示。

表 6-39 日本水工隧洞健全度等级

等级	判定内容
5 级	改建
4 级	下次断水时改建
3 级	再下次断水时改建
2 级	今后需继续进行监视
1 级	进行一般检查即可

我国《铁路隧道设备劣化评定标准 隧道》，规定采用劣化度的方法判定铁路隧道结构物的功能状态，并将铁路隧道劣化等级分为五级，如表 6-40 所示。

表 6-40 我国铁路隧道劣化等级划分

劣化等级	对结构功能及行车安全的影响	措施
AA（极严重）	结构功能严重劣化，危及行车安全	立即采取措施
A1（严重）	结构功能严重劣化，进一步危及行车安全	尽快采取措施
B（较重）	劣化继续发展会升至 A 级	加强监视，必要时采取措施
C（中等）	影响较少	加强检查，正常维修
D（轻微）	无影响	正常保养及巡检

在 2004 年颁布的我国《铁路运营隧道衬砌安全等级评定暂行规定》中，根据衬砌状态危及行车安全的程度，将隧道衬砌安全等级划分为完好、轻微、较严重、严重、极严重五级。

我国《公路隧道养护技术规范》（JTG H12—2015），在综合考虑隧道技术状况评定方法和通行做法的基础上，将隧道土建结构技术状况分为五类，如表 6-41 所示。

表 6-41 土建结构技术状况评定类别

评定类别	评定类别描述	养护对策
1 类	完好状态。无异常情况，或异常情况轻微，对交通安全无影响	正常养护
2 类	轻微破损。存在轻微破损，现阶段趋于稳定，对交通安全不会有影响	应对结构破损部位进行监测或检查，必要时实施保养维修
3 类	中等破损。存在破坏，发展缓慢，可能会影响行人、行车安全	应对结构破损部位进行重点监测，并对局部实施保养维修
4 类	严重破损。存在较严重，发展较快，已影响行人、行车安全	应尽快实施结构病害处置措施
5 类	危险状态。存在严重破坏，发展迅速，已危及行人、行车安全	应及时关闭隧道，实施病害处治，特殊情况需进行局部重建或改建

4. 十级划分法

美国《公路和铁路交通隧道检查手册》根据美国联邦公路局《桥梁检测员培训手册》中的 10 标度评定方法，将隧道结构状态分为 0 到 9 十级。其中，0 表示隧道结构处于危险状态，9 表示结构处于最优状态。

可以看出，三级划分法较为简单，等级划分跨度较大，不利于衬砌结构健康状况真实合理的反映。十级划分法过于详细，相邻等级区间的界限不易区分，具体操作中难度较大。为了更好地指导我国隧道维修养护工作，在四级划分方法的基础上，我国铁路和公路隧道采用五级划分法。为此，将公路隧道衬砌结构健康状况等级划分为五级，各等级的含义如表 6-42 所示。

表 6-42 公路隧道衬砌结构健康评价等级

评价级别	评价级别描述
I	完好状态。无异常情况，或异常情况轻微，对交通安全无影响
II	轻微破损。存在轻微破损，现阶段趋于稳定，对交通安全不会有影响
III	中等破损。存在破坏，发展缓慢，可能会影响行人、行车安全
IV	严重破损。存在较严重，发展较快，已影响行人、行车安全
V	危险状态。存在严重破坏，发展迅速，已危及行人、行车安全

6.3.2 评价标准的制定

为了对衬砌结构健康评价指标状态值进行判定，同时也为了建立评价指标和评价结果的联系，需要制定各评价指标的判定标准。目前，国内外在评价指标判定标准方面做了大量的研究，取得了不少研究成果。本书在参考国内外现行规范和已有成果的基础上，制定了隧道衬砌结构健康状况评价指标的判定标准。

1. 指标无量纲化

由于各评价指标的度量单位、取值范围不尽相同，造成指标之间不具有可比性。因此，需要采用无量纲化处理方法，将评价指标实测值转化成同一区间（[0，100]）的评分值。由于直线型无量纲化方法简单实用，因此采用其对指标进行无量纲化，具体如式（6-3）、式（6-4）所示。

（1）对于实测值越大越优型的指标：

$$F=\begin{cases} 0 & (X_i \leqslant X_{\min}) \\ \dfrac{X_i - X_{\min}}{X_{\max} - x_{\max}} & (X_{\max} < X_i < X_{\min}) \\ 1 & (X_i \geqslant X_{\max}) \end{cases} \tag{6-3}$$

（2）对于实测值越小越优型的指标：

$$F=\begin{cases} 0 & (X_i \leqslant X_{\min}) \\ \dfrac{X_{\max} - X_i}{X_{\max} - x_{\max}} & (X_{\max} < X_i < X_{\min}) \\ 1 & (X_i \geqslant X_{\max}) \end{cases} \tag{6-4}$$

式中，$X_{\max}$、$X_{\min}$分别为指标X_i所有取值的最小值、最大值。

根据《公路隧道养护技术规范》（JTG H12—2015）土建结构技术状况评定分类界限值，确定公路隧道衬砌结构健康等级分值区间为Ⅰ级[85，100]、Ⅱ级[70，85）、Ⅲ级[55，70）、Ⅳ级[40，55）、Ⅴ级[0，40）。

2. 评价指标判定标准及其量化

（1）衬砌变形的判定标准及其量化。

对于隧道轮廓变形量的判定，建立了基于采用变形量与内限距（隧道内轮廓到建筑限界的距离）之比 S 的判定标准，如表 6-43 所示。为此，在表 6-43 的基础上制定了衬砌变形量的判定标准，如表 6-44 所示。

表 6-43　变形量的判定标准

判定	B	1A	2A	3A
（变形量/内限距）S	$S<1/4$	$1/4\leqslant S<1/2$	$1/2\leqslant S<3/4$	$S\geqslant 3/4$

表 6-44　变形量的判定标准

判定	Ⅰ	Ⅱ	Ⅲ	Ⅳ	Ⅴ
S	0	$0<S<1/4$	$1/4\leqslant S<1/2$	$1/2\leqslant S<3/4$	$S\geqslant 3/4$

根据表 6-44，采用式（6-5）对衬砌变形量进行量化。

$$F=\begin{cases} 0, & S=0 \\ \dfrac{1/4-S}{1/4-0}\times 15+70, & S\in(0,1/4) \\ \dfrac{1/2-S}{1/2-1/4}\times 15+55, & S\in[1/4,1/2) \\ \dfrac{3/4-S}{3/4-1/2}\times 15+40, & S\in[1/2,3/4) \\ \dfrac{1-S}{1-3/4}\times 40, & S\in[3/4,1) \\ 0, & S\geqslant 1 \end{cases} \tag{6-5}$$

式中，F 为评分值，以下同此。

对于衬砌变形速率 V，我国《公路隧道养护技术规范》（JTG H12—2015）和日本《公路隧道维持管理便览》给出的判定标准基本一致，如表 6-45 所示。由于表 6-45 并未给出变形速率的上限值，从安全角度考虑，认为变形速率大于 20 mm/a 时，其评分值为 0，采用式（6-6）进行量化。

表 6-45　我国公路隧道的变形速率判定标准

评定状况值	1	2	3	4
变形速率 V/（mm/a）	$S<1$	$1\leqslant S<3$	$3\leqslant S<10$	$S\geqslant 10$

注：评定状况值 1、2、3、4 分别对应级别Ⅱ、Ⅲ、Ⅳ、Ⅴ，以下同此。

$$F=\begin{cases}100, & V=0\\ \dfrac{1-V}{1-0}\times 15+70, & V\in(0,1)\\ \dfrac{3-V}{3-1}\times 15+55, & V\in[1,3)\\ \dfrac{10-V}{10-3}\times 15+40, & V\in[3,10)\\ \dfrac{20-V}{20-10}\times 40, & V\in[10,20)\\ 0, & V\geqslant 1\end{cases} \tag{6-6}$$

（2）衬砌裂缝的判定标准及其量化。

我国《铁路桥隧建筑物劣化评定标准　隧道》中，则采用定量与定性相结合的方法将衬砌裂缝分为五级，定量时综合考虑了衬砌裂缝的长度和宽度，如表 6-46 所示。

表 6-46　我国铁路隧道衬砌裂缝的判定标准

判定	裂缝状态
AA（极较重）	长度 l>10 m，宽度 b>5 mm，且变形继续发展，拱部开裂呈块状，有可能掉落
A1（较重）	l 为 5~10 m，b>5 mm；开裂使衬砌呈块状，在外力作用下有可能崩塌和剥落
B（较重）	l<5 m 且 5 mm≥b≥3 mm；裂缝有发展，但速度不快
C（中等）	l<5 m 且 b<3 mm
D（轻微）	一般龟裂或无发展状态

我国《公路隧道养护技术规范》（JTG H12—2015）中，给出了根据裂缝长度和宽度对衬砌裂缝状况进行判定的标准，并考虑裂缝有无发展情况的影响，具体如表 6-47 和表 6-48 所示，并规定表中主要以水平方向的裂缝或剪断裂缝为主，对于横向裂缝相应地降低一个等级，当宽为 0.3~0.5 mm 以上且分布密度大于 200 cm/m^2 的裂缝，提高 1 个等级或采用判定分类中较高的判定。由此可见，我国规范的判定标准较为细致、全面，因此采用表 6-47 和表 6-48 作为衬砌裂缝长度和宽度的判定标准。

表 6-47 当裂缝存在发展时的判定标准

结构	裂缝宽度 b/mm		裂缝长度 l/m		评定状况值
	$b>3$	$b\leqslant 3$	$l>3$	$l\leqslant 5$	
衬砌	√		√		3/4
	√			√	2/3
		√	√		2
		√		√	2

表 6-48 当无法确定裂缝是否存在发展时的判定标准

结构	裂缝宽度 b/mm			裂缝长度 l/m			评定状况值
	$b>5$	$5\geqslant b>3$	$3\geqslant b$	$l>10$	$10\geqslant l>5$	$5\geqslant l$	
衬砌	√			√			3/4
	√				√		2/3
	√					√	2/3
		√		√			3
		√			√		2/3
		√				√	2
			√	√	√	√	1/2

为便于对裂缝长度、宽度进行量化，由表 6-47 和表 6-48 确定裂缝等级后，其评分值取评定等级对应的评分值区间的中值，量化公式如式（6-7）所示。对于隧道评价区段没有裂缝时，评分值为 100。

$$F=\begin{cases}92.5 & (\text{Ⅰ级})\\77.5 & (\text{Ⅱ级})\\62.5 & (\text{Ⅲ级})\\47.5 & (\text{Ⅳ级})\\20 & (\text{Ⅴ级})\end{cases} \tag{6-7}$$

（3）衬砌厚度及背后空洞的判定标准及其量化。

由上可知，采用衬砌厚度比（实测厚度/设计厚度）k_t 来统一描述衬砌厚度的情况。其评级标准如表 6-49 所示，量化公式如式（6-8）所示。

表 6-49 隧道衬砌厚度判定标准

判定	B	1A	2A	3A
k（裂缝深度/衬砌厚度）	$0<k<1/3$	$1/3\leqslant k<1/2$	$1/2\leqslant k<2/3$	$2/3\leqslant k$

$$F=\begin{cases}100, & k=0\\ \dfrac{1/3-k}{1/3-0}\times 15+70, & k\in(0,1/3)\\ \dfrac{1/2-k}{1/2-1/3}\times 15+55, & k\in[1/3,1/2)\\ \dfrac{2/3-k}{2/3-1/2}\times 15+40, & k\in[1/2,2/3)\\ \dfrac{1-k}{1-2/3}\times 40, & k\in[2/3,1)\end{cases} \tag{6-8}$$

衬砌背后空洞高度的判定标准，分别如表 6-50、表 6-51 所示。对比可见，表 6-50 是对表 6-49 的细化，因此采用表 6-49 的判定标准。在实际检测中，衬砌背后空洞高度超过 1 m 的较少，且空洞高度超过 1 m 时，衬砌结构受力极为不利。因此，当空洞高度大于 1 m 时，其评分值为 0，其无量纲化公式如式（6-9）所示。

表 6-50 衬砌背后空洞高度的判定标准

缺陷等级	1（轻微）	2（较严重）	3（严重）	4（极严重）
衬砌厚度比 k_t	$0.9\leqslant k_t<1$	$0.75\leqslant k_t<0.9$	$0.6\leqslant k_t<0.75$	$k_t<0.6$

表 6-51 衬砌背后空洞高度的判定标准

判定	一类	二类	三类	四类	五类
空洞深度 H/mm	0	0~20	20~100	100~500	≥500

$$F=\begin{cases}100, & H=0\\ \dfrac{20-H}{20-0}\times 15+70, & H\in(0,20)\\ \dfrac{100-H}{100-20}\times 15+55, & H\in[20,100)\\ \dfrac{500-H}{500-100}\times 15+40, & H\in[100,500)\\ \dfrac{1000-H}{1000-500}\times 40, & H\in[500,1000)\\ 0, & H\geqslant 1000\end{cases} \tag{6-9}$$

对于衬砌背后空洞纵向长度，《铁路运营隧道衬砌安全等级评定暂行规定》给出了相应的判定标准，如表 6-52 所示。由于表 6-52 并未给出空洞纵向长度的限值，根据现场检测经验，本书认为空洞纵向长度超过 10 m，其评分值为 0，其无量纲化公式为式（6-10）。

表 6-52 衬砌背后空洞纵向长度判定标准

判定	Ⅰ	Ⅱ	Ⅲ	Ⅳ	Ⅴ
空洞长度 l/m	0	$0<l\leqslant 1$	$1<l\leqslant 3$	$3<l\leqslant 5$	$l>5$

$$F=\begin{cases}100, & l=0\\ \dfrac{1-l}{1-0}\times 15+70, & l\in(0,1)\\ \dfrac{3-l}{3-1}\times 15+55, & l\in[1,3)\\ \dfrac{5-l}{5-3}\times 15+40, & l\in[3,5)\\ \dfrac{10-l}{10-5}\times 40, & l\in[5,10)\\ 0, & l\geqslant 10\end{cases} \tag{6-10}$$

（4）渗漏水的判定标准及其量化。

我国《公路隧道养护技术规范》（JTG H12—2015）给出了衬砌渗漏水技术状况的评定标准以及基于漏水程度和是否影响行车的渗漏水判定标准，分别如表 6-53、表 6-54 所示。

表 6-53 衬砌渗漏水技术状况评定标准

状况值	渗漏水状况
0	无渗漏水
1	衬砌表面存在浸渗，对行车无影响
2	衬砌拱部有滴漏，侧墙有小股涌流，路面有浸渗但无积水，拱部、边墙因渗水少量挂冰，边墙脚积水，不久可能会影响行车安全
3	拱部有涌流、侧墙有喷射水流，路面积水，沙土流出、拱部衬砌因渗水形成较大挂冰、胀裂，或涌水积冰至路面边缘，影响行车安全
4	拱部有喷射水流，侧墙存在严重影响行车安全的涌水，地下水从检查井涌出，路面积水严重，伴有严重的沙土流出和衬砌挂冰，严重影响行车安全

表 6-54 隧道渗漏水判定标准

部位	漏水状况			
	喷射	涌流	滴漏	浸渗
拱部	4	3	2	1
侧墙	3	2	2	1
是否妨碍行车	是	是	是	否

拱部和边墙渗漏水状态分别用式（6-11）和式（6-12）进行量化。

$$F=\begin{cases}100 & （无渗漏水）\\ 77.5 & （浸渗）\\ 62.5 & （滴漏）\\ 47.5 & （涌流）\\ 20 & （喷射）\end{cases} \tag{6-11}$$

$$F=\begin{cases}100 & （无渗漏水）\\ 77.5 & （浸渗）\\ 62.5 & （滴漏或涌流）\\ 47.5 & （喷射）\end{cases} \tag{6-12}$$

6.4 本章小结

本章围绕隧道结构安全评价方法与判定标准，总结出衬砌结构的评价方法有专家系统法、可靠性理论、理论分析结合现场调查的方法以及多层次模糊综合评判法；归纳整理了国内外关于隧道结构安全评价体系的应用现状；总结出隧道衬砌安全评价的指标应包括衬砌变形、衬砌裂缝、衬砌厚度、材料的劣化以及衬砌渗漏水等；经过详细的对比分析，总结出了一套适合我国国情的隧道衬砌结构安全评价标准；该标准包括单指标判定标准和多指标判定标准，其中，单指标判定标准包括了裂缝、渗漏水、材质劣化、衬砌脱空、变形以及衬砌剥落的量化标准，而多指标判定标准则是在单指标判定标准之上总结出的一套定量的评价体系。

【第 7 章】>>>>

系统平台设计与实施

7.1 系统架构与功能

7.1.1 系统设计原则

系统设计应遵循安全、有效、可靠、系统维护管理方便的原则，并使其具有以下特点：

1. 监测手段的多样性、先进性及严密性

（1）采用高精度激光测距仪并使用合理的逻辑算法获得准确初期支护结构表面位移（拱顶沉降和周边收敛）。

（2）采用高精度振弦式土压力盒对隧道围岩与初支接触面、初支与二衬接触面的压力变化进行监测。

（3）采用振弦埋入式混凝土应变计对初支喷射混凝土应力、二次衬砌应力进行监测。

（4）采用振弦式表面应变计对钢支撑的受力情况进行监测。

（5）采用振弦式多点位移计对围岩内部位移变化情况进行监测。

（6）采用振弦式钢筋应力计对锚杆轴力受力情况进行监测。

（7）采用多通道振弦式采集仪对隧道内各监测断面埋设的各种传感器进行全自动数据采集。

2. 数据传输的实时性

由于隧道环境的特殊性，隧道内使用低功耗、易组网的扩频无线网路通信技术自建局域网络进行数据传输工作，隧道外采用光纤通信进行数据远传至终端服务器。

3. 数据分析的专业性

采用具有独立知识产权的基于监测数据的安全分析预警软件对隧道内各监测断面进行数据处理及预警。

4. 预警制度的合理性

采用双重预警模式，预警基于现场采集监测数据，根据相关规范的监测指标、隧道安全监测的相关经验设置预警值，进行单指标或多指标的预警；预警信息在通过现场无线网络发送至相关巡检人员的终端设备上，同时还可以通过 GSM 网络以短信形式发送给相关负责人的手机上。

5. 软件操作的便捷性

监测数据管理系统采用 B/S 架构，接入公网即可实现数据的实时查询，设置高、中、低三重数据查询权限，并可实时生成相关曲线、报表、报警信息等，更可远程修改监测设备的采集发射频率。

7.1.2 系统逻辑架构

系统针对隧道施工运营期健康监测脱节，结构安全状态评价、处治决策缺乏有效手段的难题，按照“感、传、知、用”四个层次，构架装备系统，系统主要由隧道内前端传感器数据采集与发送、隧道内数据传输网络与数据远传搭建、主监控中心监测数据管理软件平台、智能终端预警四大部分组成。整套系统通过对隧道结构关键部位布设能全面反映隧道结构损伤及安全状态的监测仪器，然后通过隧道内自组网络将数据传送至现场数据远传设备终端设备，并由数据远传终端设备将数据远程发送至监控中心服务器，中心服务器对监测信息进行实时处理分析，智能识别结构设施缺陷，对结构安全状态进行评价，进行单指标或多指标预警，动态掌握隧道结构的健康安全状态并实时发布预警信息。系统架构如图 7-1 所示。

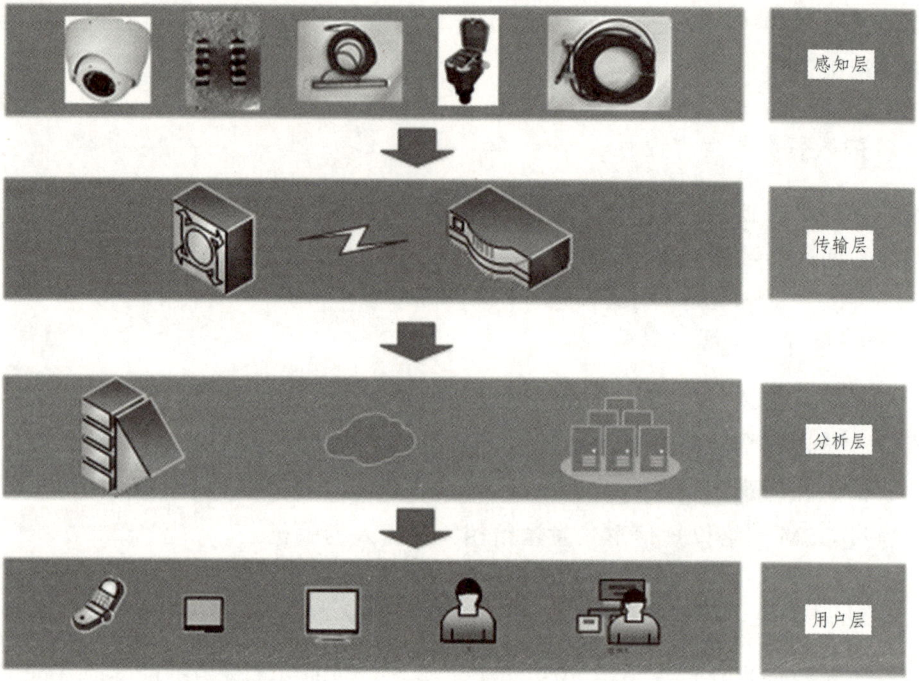

图 7-1　系统架构

7.1.3　功能设置

根据隧道结构健康监测需求，系统平台主要具备以下功能：① 根据隧道病害状态选择结构病害最严重的段落选择典型断面，在拱顶、左右拱腰以及左右边墙部位安装表面应变计，进行应力状态监测。② 根据隧道定期检查和专项检测报告，并通过现场调研选择衬砌结构开裂病害严重段落的典型裂缝（具有发展趋势的裂缝），安装裂缝计，对隧道的裂缝的宽度进行实时监测，关注病害发展情况。③ 根据隧道定期检查和专项检测报告，并通过现场调研选择衬砌渗漏水病害严重段落的典型渗漏水病害，安装高清摄像头，对渗漏水状态进行实时影像采集，通过一定的头像识别算法，提取渗漏水面积、渗水量等参数，对渗漏水病害进行实时观测。④ 通过隧道工程实地调研，选择富水段落，在泄水孔部位安装液位计，对地下水位进行实时监测，动态观测地下水运动情况。

7.2 前端传感与数据采集

监测系统的设计应遵循安全、有效、可靠、系统便于维护的原则，本系统内采用的传感器主要分为激光式表面位移监测仪、土压力计、埋入式应变计、钢筋计、表面应变计、数据采集仪、高清摄像头与视频分析仪等 7 部分。

7.2.1 激光式表面位移监测仪

1. 基本原理

激光式表面位移监测仪的测量原理是通过激光测距传感器和单轴倾角传感器测出目标与基准平面距离，利用公式实时计算出目标到基准平面的垂直距离，通过监测垂直距离的变化，获得目标点的竖向移动距离和移动速度，达到实施自动监测的目的。其原理如图 7-2 所示。

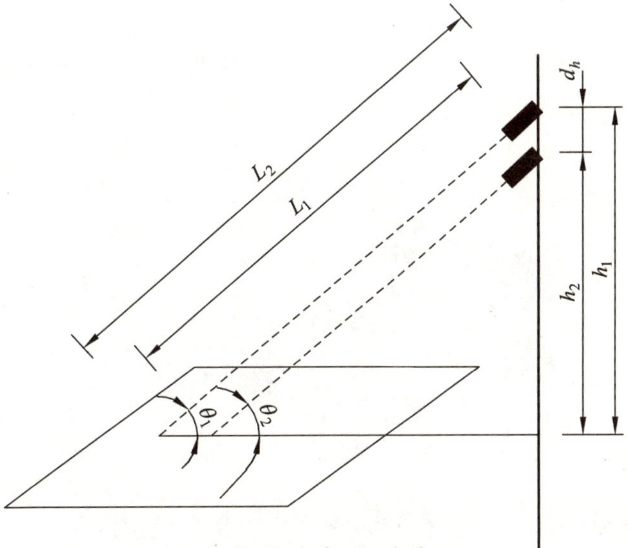

$$d_h=L_1\cdot\sin\theta_1-L_2\cdot\sin\theta_2$$

图 7-2 激光式表面位移监测仪原理示意图

2. 隧道围岩沉降位移自动监测实施方法

（1）在激光测距仪内部安装单轴倾角传感器，形成同时可以测距和测倾角的激光测距（角）仪。

（2）将激光测距（角）仪悬挂安装在隧道拱顶的监测点位，其中安装固定支架能够保证激光测距（角）仪在水平面内和竖直面内自由旋转，激光测距（角）仪安装固定支架结构如图 7-3 所示。

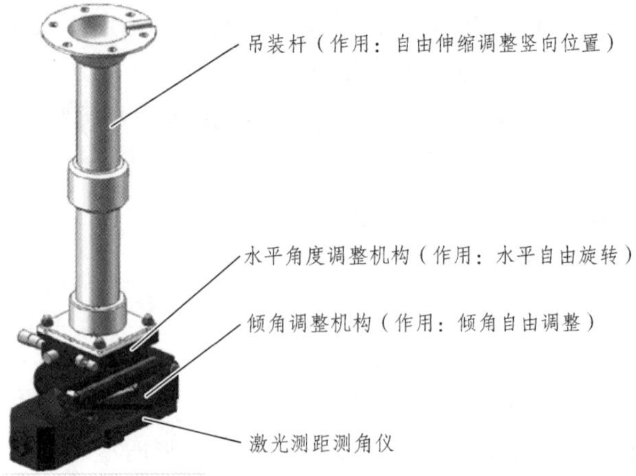

图 7-3 激光测距（角）仪安装固定悬挂支架

（3）在隧道后方结构稳定部位安设基点（监测基准平面），能够安装调平的基点支架可通过水准泡和调平脚螺旋实现基准平面的安装调平，其中可安装调平的基点支架如图 7-4 所示。

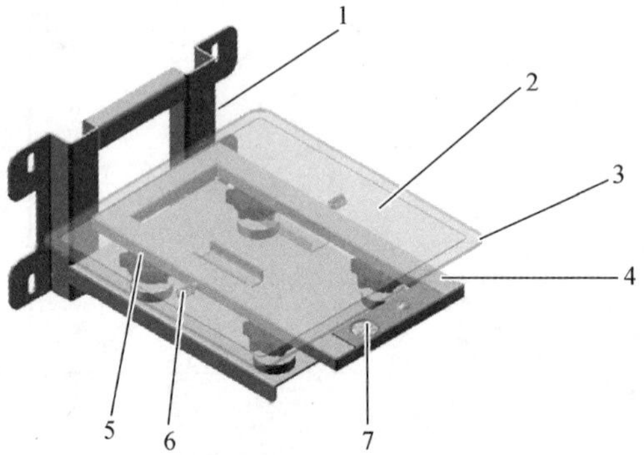

1—固定支架（作用：反光板及调平机构；安装方式：侧面安装，涨栓固定）；
2—激光反光膜（作用：提高激光反光率）；
3—激光反光板（作用：安装反光膜）；
4—调平机构（作用：实现激光反光板调平）；
5—调平手柄（作用：实现调平操作）；
6—固定螺栓（作用：固定激光反光板）；
7—水平气泡（作用：调平参考基准）。

图 7-4 监测基准平面

（4）调节隧道拱顶各监测点的激光测距测角传感器的激光方向和角度，使得激光测距（角）仪的激光打在监测基准平面上。

（5）将激光测距（角）仪与自动采集仪连接，并设定采集频率，实时输出距离和倾角数据，通过直角三角形测高原理算法的换算获得实时高程变化数据实现隧道沉降变形的自动化监测。实际隧道测点及监测基准平面布置如图 7-5 所示。

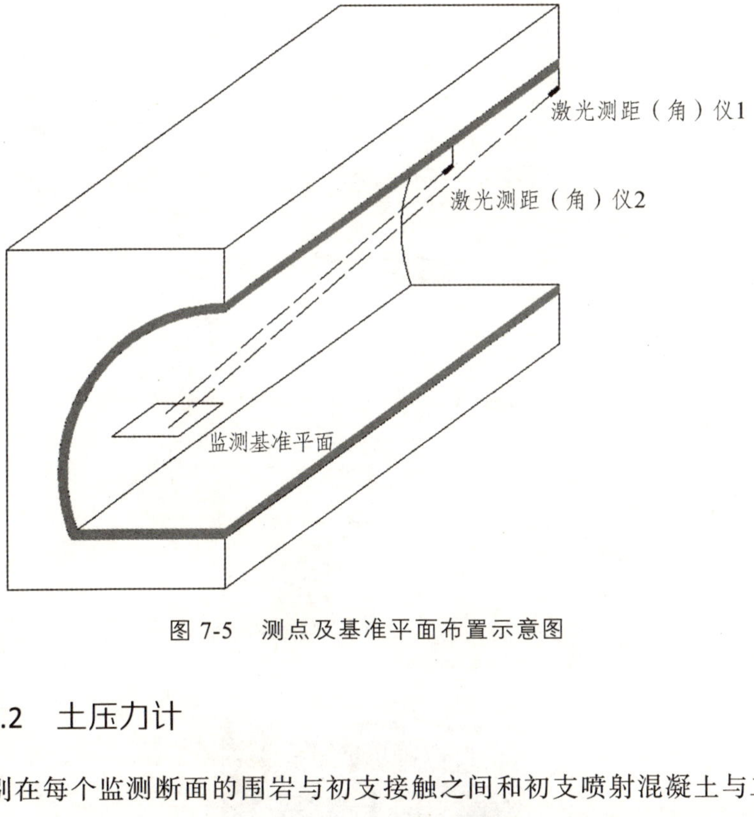

图 7-5 测点及基准平面布置示意图

7.2.2 土压力计

分别在每个监测断面的围岩与初支接触之间和初支喷射混凝土与二衬之间的拱顶、两侧拱腰、两侧边墙布设 5 个压力传感器，如图 7-6 和图 7-7 所示。传感器埋设时，压力盒（见图 7-8）应放置在平整的围岩表面，并将数据线引出，然后将压力盒固定后开始初期支护（喷射混凝土及挂网）的施作，施工过程中注意保证初期支护与围岩密切，不出现空洞。

围岩与初期支护的压力盒在初期支护施工前开始安装，喷射混凝土与二次衬砌之间的压力盒是在挂防水板之前进行安装。围岩与初支接触压力在初期支护施工完成后开始读数，初支与二衬接触压力在混凝土达到初凝强度以后开始测取读数。

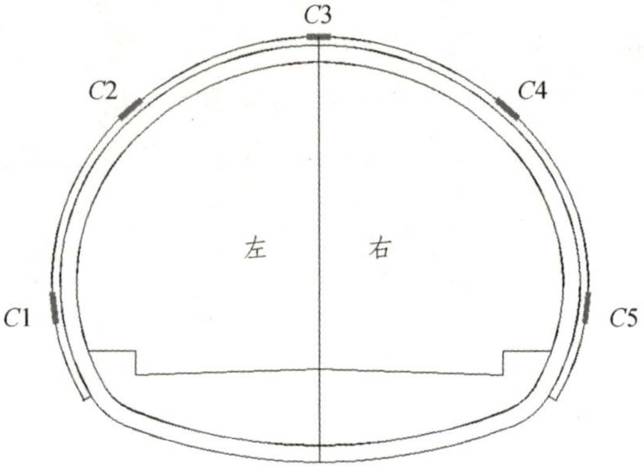

图 7-6 围岩和初支接触传感器布置

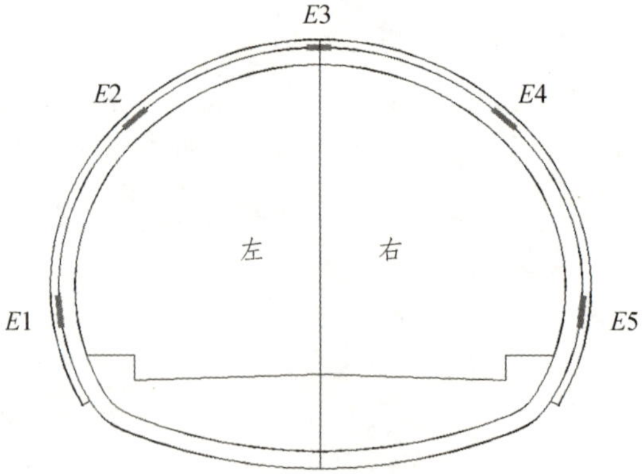

图 7-7 初支和二衬接触传感器布置

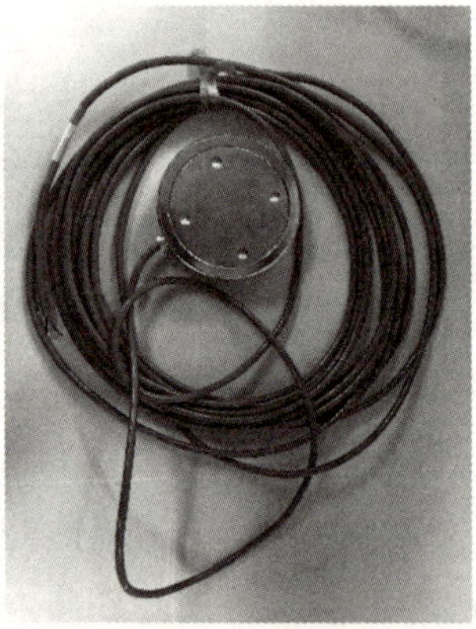

图 7-8 振弦式土压力计

7.2.3 埋入式应变计

初支喷射混凝土应力、二次衬砌应力采用混凝土应变计（见图 7-9）来测量，其中初支喷射混凝土应力分别在每个断面分别沿隧道拱顶、两拱腰和两边墙共 5 个位置喷射混凝土内埋设混凝土应变计，二次衬砌应力测量分别在监测断面沿隧道拱顶、两拱腰和两边墙的二次衬砌布设 5 只混凝土应变计，用来测量喷射混凝土内轴向应力、二次衬砌内应力的受力情况，传感器布设如图 7-10 所示。

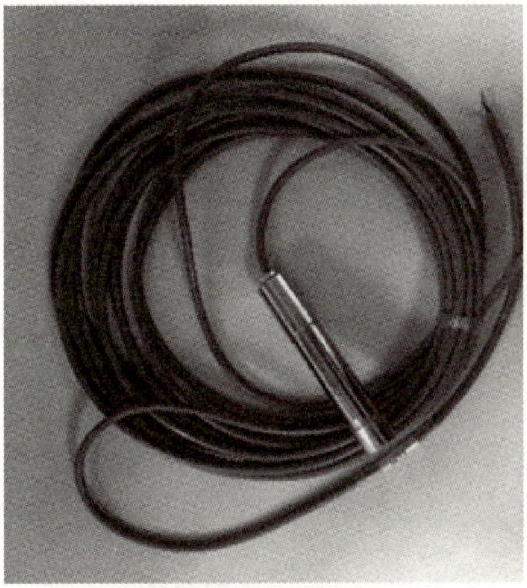

图 7-9 振弦式混凝土应变计

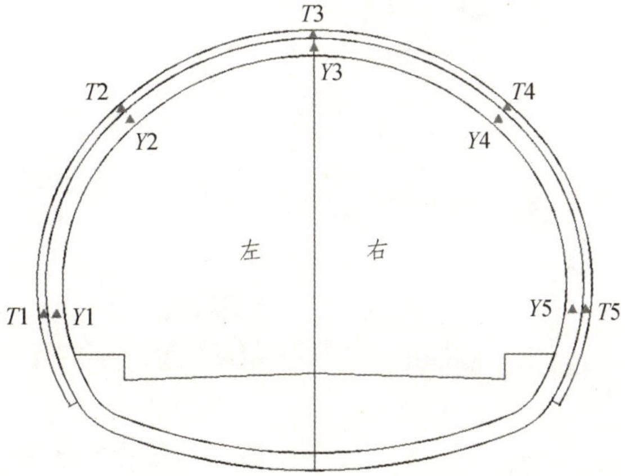

图 7-10 初支喷射混凝土和二衬衬砌传感器布设图

7.2.4 钢筋计

钢支撑内力量测是监控钢支撑的受力情况的有效手段，通过该量测项目可了解钢拱架与喷混凝土对围岩的组合支护效果，可了解钢拱架的实际工作状态，进而判断初期支护承载能力。

钢筋计（见图 7-11）采用焊接方式进行固定，将钢筋计焊接在钢支撑的对应位置，焊接时应注意淋水降温和保护数据线，全部焊接完成并降温完毕后应该用数采仪读取应变计的初始值，获得初始数据，然后再安装隧道钢支撑，钢支撑安装完毕后连接数采仪进行数据采集。钢支撑内力监测传感器布设如图 7-12 所示。

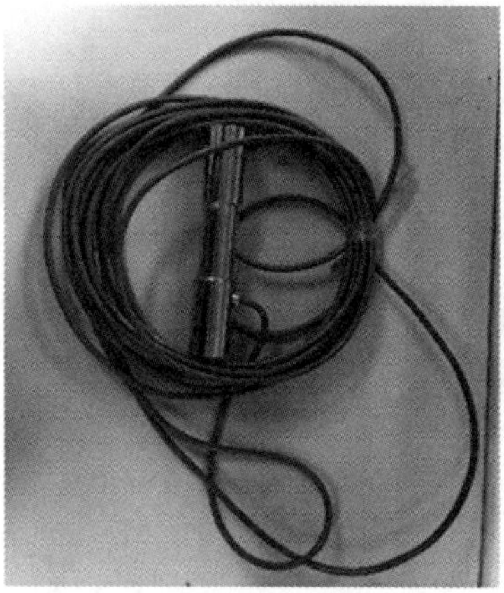

图 7-11 振弦式钢筋

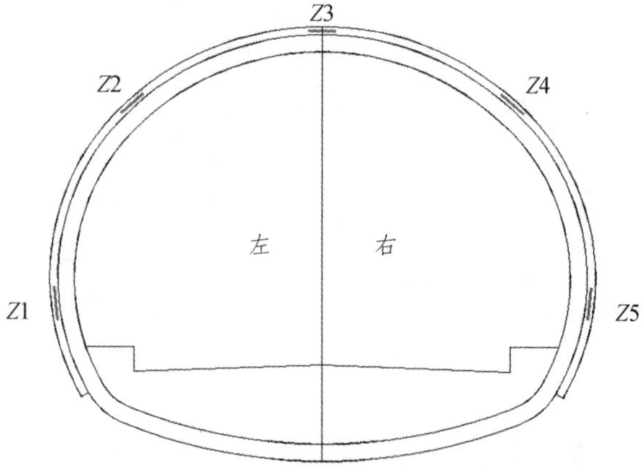

图 7-12 钢支撑内力监测传感器布设示意图

7.2.5 表面应变计

对于隧道运营期在隧道表面安装振弦式表面应变计，实时监测隧道衬砌结构表面应力状态，从而判定隧道结构安全，实际操作过程中可根据隧道病害状态，选择结构安全风险较高的段落布置监测断面，测点位置可以根据计算分析结果确定，一般可以在隧道拱顶、左右拱腰以及边墙部位各布置一个测点，监测衬砌结构运营期的应力应变状态与变化规律。混凝土表面应变监测测点布置如图 7-13 所示。

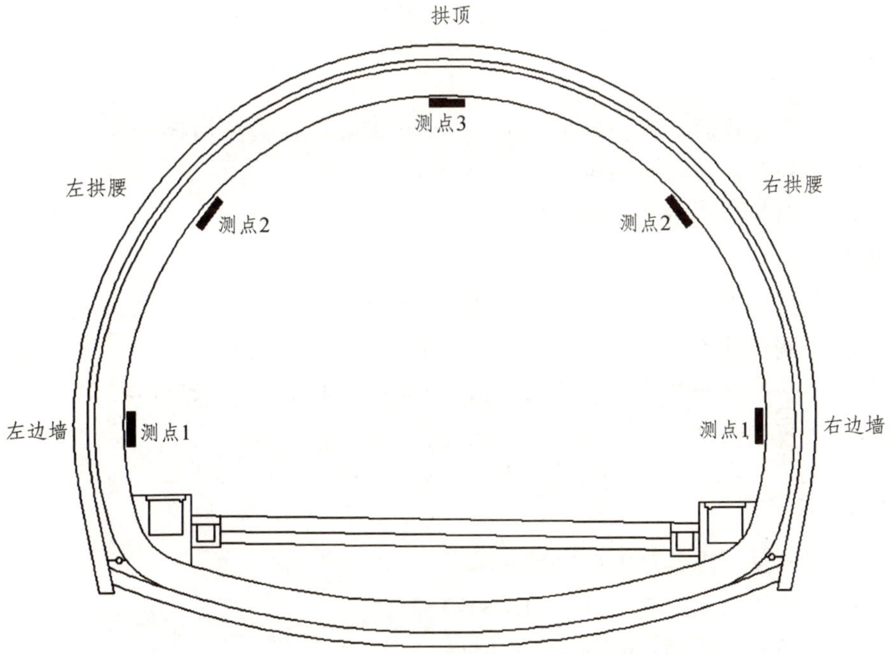

图 7-13 混凝土表面应变监测测点布置图

7.2.6 数据采集仪

采用多通道数据采集仪（见图 7-14），与传感器采用有线连接，兼容 16 或 32 个通道，同时完成多个传感器数据的自动采集，并通过内置无线传输模块，实现监测数据的洞内外线传输，为保证测量数据的稳定，数据采集仪可在隧道支护结构上预留洞放置，并将天线接出即可。本书以振弦式多通道数据采集为例做介绍。

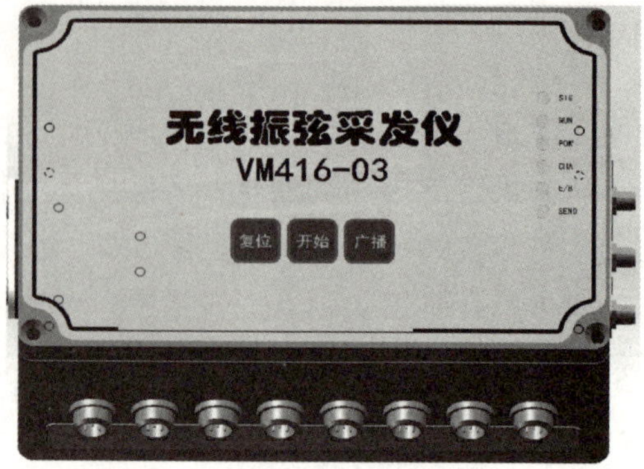

图 7-14 多通道数据采集仪

1. 功能特点

（1）测量模式：高压脉冲（0~120 V 可配置）或低压扫频。

（2）通信协议：MODBUS、AABB 简单协议。

（3）多参数测量：传感器频率、频模、输入电压检测、传感器电阻测量、温度检测。

（4）测量模式：自动连续测量或单次触发。

（5）测量速度：高压脉冲 0.5~1 s；低压扫频 0.5~3 s。

（6）数据远传功能：支持 GSM/GPRS 及本地自组网数据发送。

（7）集成化模块电路设计，低功耗，抗干扰能力强

2. 技术指标

（1）测量范围：450~5 000 Hz。

（2）电源输入：DC5~12 V/DC3.3 V。

（3）测量分辨率：0.1 Hz。

（4）平均功耗：150 mA。

（5）测量精度：0.5 Hz。

（6）工作温度：−40~80 ℃

（7）输出接口：RS232。

（8）网络：GSM/GPRS

7.2.7 高清摄像头与视频分析仪

针对隧道运营期间的区域性结构病害，采用高清摄像头（见图 7-15）与

视频分析仪组合结构，实现结构病害的数据提取，实现病害状态的实时监测。实施过程中可根据隧道实际病害状态，布置测点，其测点布置如图 7-16 所示。

图 7-15　高清摄像头

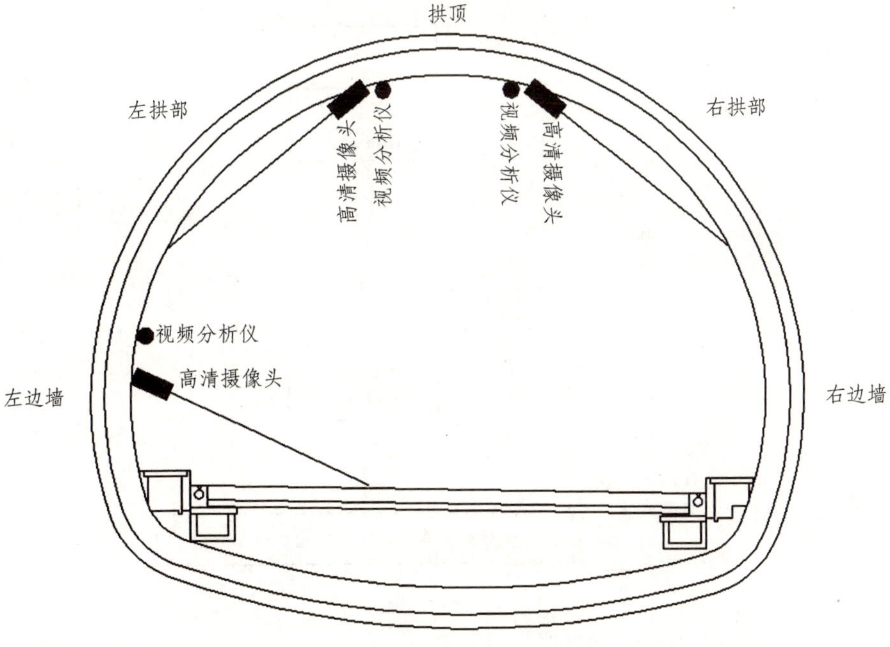

图 7-16　表观病害视频监测测点布置示意图

7.3　数据传输与网络通信

由于隧道环境的特殊性，隧道内使用低功耗、易组网的 ZigBee 无线网络通信技术自建局域网络进行数据传输工作，隧道内较远程采用 RF 数据传输技术，隧道外采用运营商无线网络将数据远传至终端服务器。网络拓扑结构如图 7-17 所示。

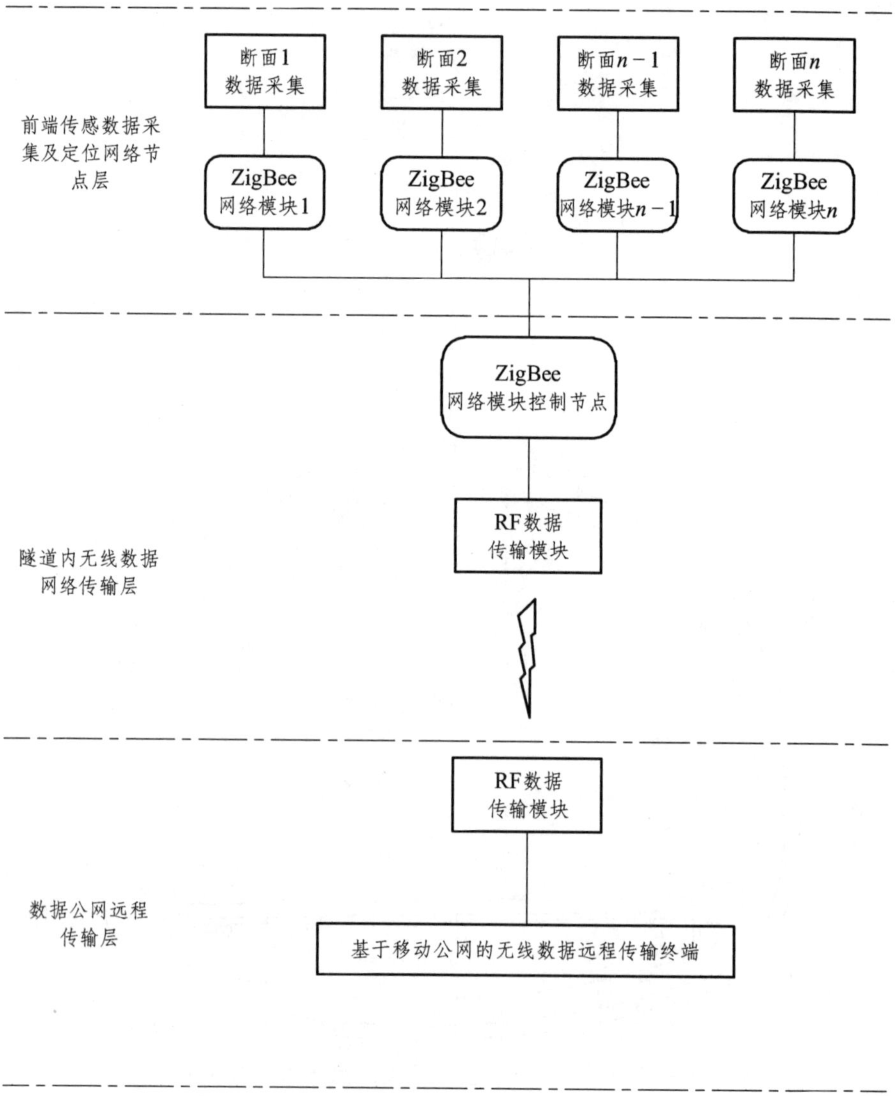

图 7-17 网络拓扑结构

7.3.1 ZigBee 网络传输

ZigBee 技术是一种近距离、低复杂度、低功耗、低速率、低成本的双向无线通信技术。主要用于距离短、功耗低且传输速率不高的各种电子设备之间进行数据传输以及典型的有周期性数据、间歇性数据和低反应时间数据传输的应用。然而 ZigBee 数传模块类似于移动网络基站，同时 ZigBee 网络还具有网络节点定位功能，通信距离从标准的 75 米到几百米，并且支持无限扩展。ZigBee 是一个由可多到 65 535 个无线数传模块组成的一个无线数传网络平台，在整个网络范围内，每一个 ZigBee 网络数传模块之间可以相互通信。

7.3.2 RF 无线数据传输

WK-100D 是一款高稳定性、低功耗、高性价比的无线模块，并且采用 GFSK 调制方式，增加了无线数据的稳定性。WK-100D 是透明传输模块，在不改变客户的任何数据和协议的前提下，完成无线传输数据。在稳定性方面，软件做了非常多的检测措施，保证模块在任何情况下都不可能出现死机或不工作，完全符合工业级的设计标准。

1. 硬件说明

（1）中功率发射，标准 100 mW，分 7 级可调低成本，高性能，高可靠性。

（2）GFSK 调制方式，半双工通信，空中收/发转换、连接、控制自动完成。

（3）工作频段：433 MHz 其他频道可以定制。

（4）接收灵敏度高达-121 dBm。

（5）传输距离 1 000 m 以上，如开阔地无干扰情况下可达 1 500 km。

（6）发射工作电流小于 100 mA，发射功率最高达 20 dB。

（7）接收工作电流小于 30 mA，休眠电流小于 5 μA。

（8）标准配置提供 32 个信道，满足用户多种通信组合方式的需求，用户可通过软件自行配置，信道扩展能力强。

（9）通信速率 1.2~115.2 kb/s，用户可通过软件配置。

（10）生产免调试，标准的工作电压 5~12 V。

2. 应用说明

由于隧道内没有移动网络信号，本项目使用 RF 射频网络进行数据传送，采集仪采集到传感器数据后，通过设备串口向射频网络模块发送数据至数据服务器接收终端，服务器收到数据后进行数据解析及存储工作。

7.3.3 GPRS 无线数据传输终端

DG3000 是基于射频网络及 GPRS 网络的一款无线数据传输产品。DG3000 为用户提供局域网数据远程传输的解决方案，用户可以在无移动网络信号覆盖的井下、涵洞、矿井、隧道内通过射频网络将用户数据发送给 DG3000，DG3000 可以工作在具有移动网络的地方，通过射频接收用户数据，从而通过 GPRS 网络实现数据远程发送。

DG3000 在隧道智能人员定位系统中使用，还可以进行智能数据集中采集，DG3000 通过射频网络接收 DWBS100 定位基站发来的定位数据并进行解析，然后将解析的坐标数据发送至 TCP 服务端，实现了子站现场设备和监控中心之间的远程数据通信。目前，GPRS 模块已广泛应用于水利、石油、热力、环保、电力等行业。

1. DG3000 技术指标

DG3000 技术指标如表 7-1 所示。

表 7-1 DG3000 技术指标

参数名称	参数值	备 注
数据接口	RS232	
串口波特率/（b/s）	9 600	
供电电压/V	12	DC12 V
平均电流/mA	100	mA@ V
工作温度/°C	-40~80	
工作湿度	0~90%	
数传网络	RF\GSM\GPRS	
射频传输距离/m	≤2000	空旷环境
外形尺寸/mm	100×66×27	

2. 产品特点

（1）工业级设计，适应室外恶劣环境。

（2）内置软硬件看门狗，不死机、不掉线。

（3）内置射频网络模块，最远有效传输距离可达 2 km。

（4）支持多基站人员定位数据采集。

（5）支持数据透明传输。

（6）支持域名解析功能。

（7）支持各家组态软件和用户自行开发软件系统。

7.4 系统管理平台

7.4.1 安全监测数据管理平台

数据管理系统是一套集数据接收、管理、网络发布为一体的数据管理软件系统。整个软件系统主要由数据接收模块、接收设备管理模块、项目管理模块、采集管理模块、测点管理模块、数据表管理模块、预警预报模块、数据库管理模块、管理员管理模块、日志管理模块、报表汇总模块、Web 服务器发布管理模块等构成，能够为用户提供多种数据管理途径，可轻松完成数据管理及日常数据处理工作。

软件系统整体功能架构如图 7-18 所示，结合系统工作流程，软件系统包含数据接口、业务逻辑以及展示输出三大层次。

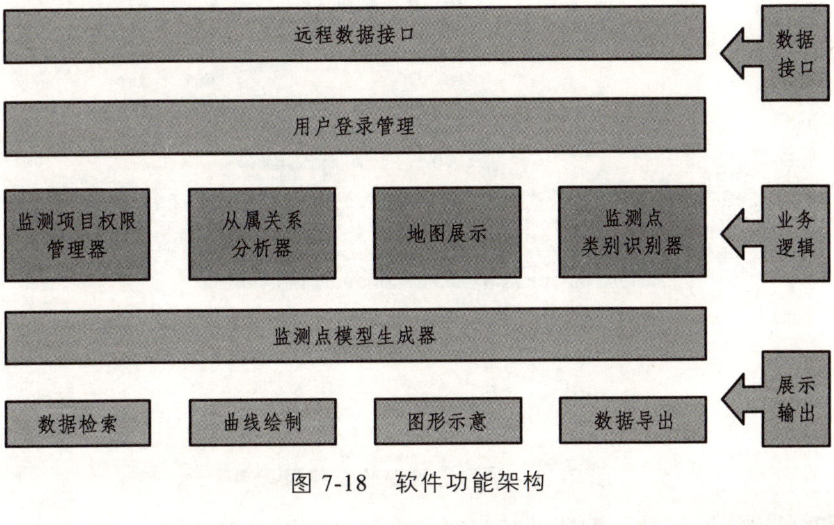

图 7-18 软件功能架构

为便于后期广泛推广应用，软件计划采用多项目分行政区划分管理的模式，同一套软件可同时管理多个不同地区的不同监测项目，其逻辑树形结构如图 7-19 所示。

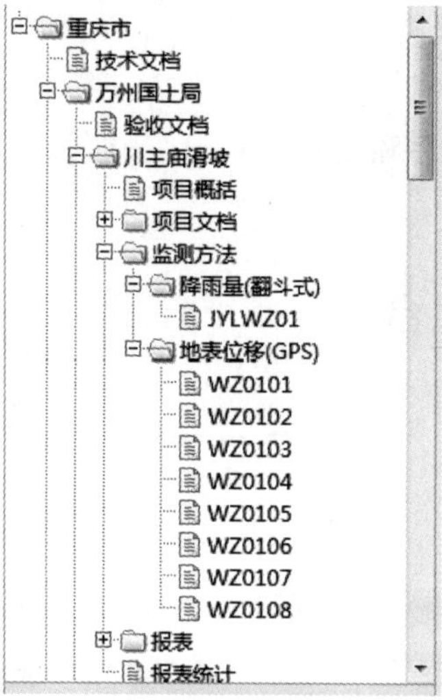

（a）

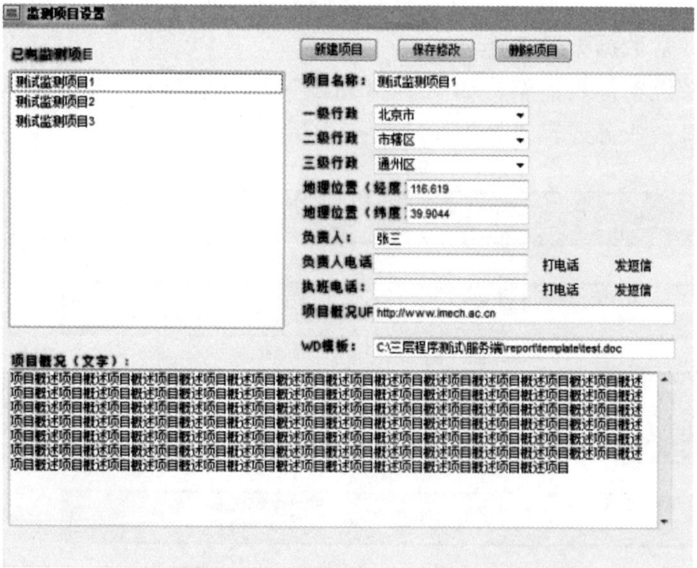

（b）

图 7-19 项目管理逻辑结构及配置

项目运行期间设备配置及其实时动态管理如图 7-20 所示。

项目管理模块可以显示当前项目下的采发设备数量、数据数量、数据质量等统计信息，可以通过气泡图、柱状图、曲线的方式进行显示。通过该管理模块可以直观反映出每个监测项目内每台采发设备的数据接收是否正常。

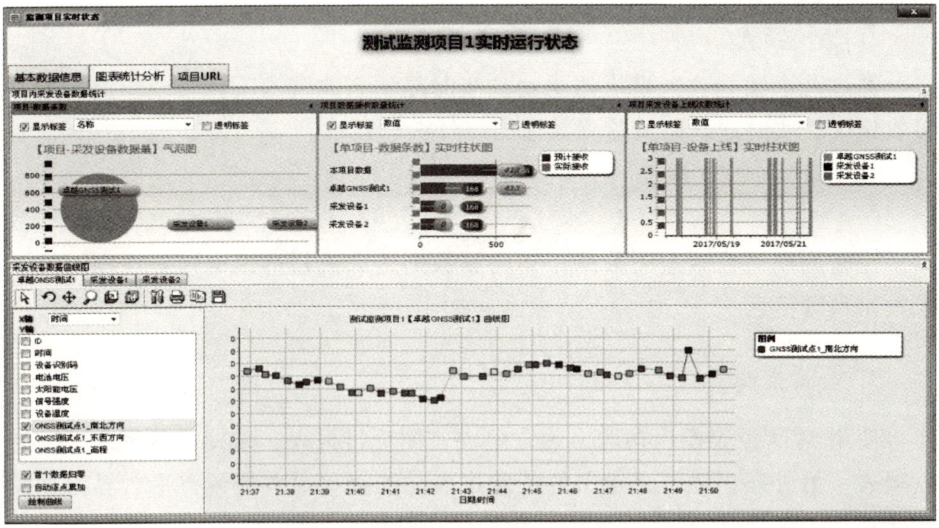

图 7-20 传感器配置及项目运行管理界面

数据安全方面，拟采用软件系统 Microsoft SQL Server 数据库作为数据引擎，负责数据库的管理及维护工作，监测软件与 SQL Server 数据库可以在两个不同的主机上运行，数据服务器负责为监测系统存储数据，为监测软件主机提供数据，监测软件主机主要负责为远程设备或者用户访问提供数据交互，同时监测软件还有数据管理功能，可以对系统内的监测数据进行人工或定时的数据备份工作，这样的措施可以有效避免因某些未知原因导致的计算机系统崩溃或者数据丢失的问题。

7.4.2 基本功能设置

1. 项目管理

支持多项目分区划管理，一套软件即可满足同时管理多个不同地区的不同监测项目。项目的管理模式为：某个行政区划下有若干个监测项目，每个项目内包含若干台采发设备，每台采发设备包含多个通道，每个通道对应一个监测点，每个测点具有独立的运算公式完成采集值到物理值的转换。

2. 数据接收与存储

使用“收发设备”接收远程数据、发送指令，接收到的数据经解析、运算后保存到多个数据表。

3. 数据展示

通过几个独立功能模块的驱动，实时显示当前监测项目布设情况、数据接收情况、实时曲线以及监测数据的统计汇总展示。

4. 超限预警

定时周期性检索监测数据，当监测数据达到或超过预定预警规则时按要求发出预警信息。

5. 监测报表

使用 WD 报表模板功能，独立生成监测项目报表、采发设备报表、监测点报表，另外还提供了自定义的特殊报表功能接口。监测预警平台界面如图 7-21 所示。

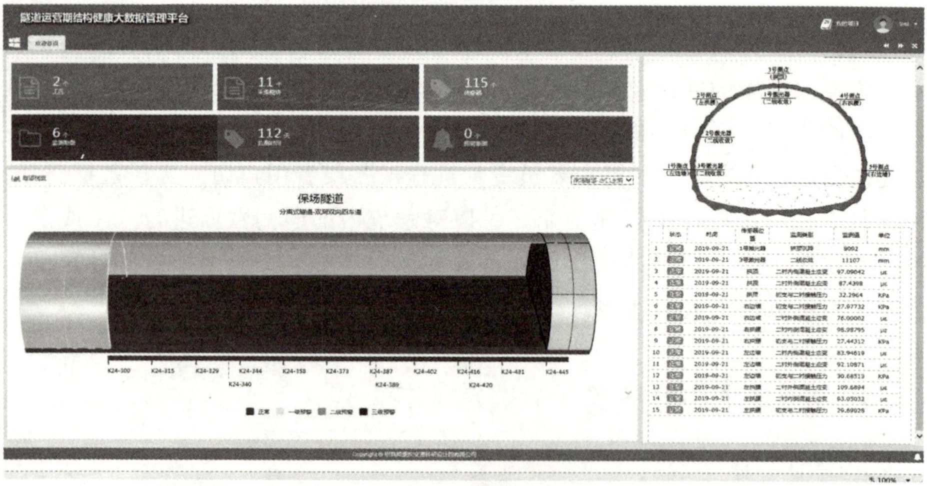

图 7-21　监测预警平台主界面

6. 计划任务

可自由定制不限任务数量的定时任务，这些任务包括自动生成报表、维护数据库、导出数据为 EXCEL 文件、用户自由编写的脚本程序等，实现了模块化功能扩展和自动定时执行的完美结合。

7. 脚本扩展

为满足不同用户及不同行业的特殊业务需求，TMAS 实现并公开了一种运行时程序解释执行的脚本接口，可动态执行自行编写的程序代码（脚本），支持的脚本语言有 C、Pascal、JavaScript、Basic 四种。

7.5 保场隧道工程应用

7.5.1 工程概况

1. 基本情况

隧道进口位于施甸县仁和镇赖河马村，隧道设计概况如表 7-2 所示，隧道区海拔高程 1 545~1 643 m，相对高差 97 m，属溶蚀剥蚀低中山地貌，地形较为陡峭。保场隧道出口如图 7-22 所示。

表 7-2 隧道设计概况

隧道起止里程	K23+540~K24+360	长度	820 m
	ZK23+541.43~ZK24+445	长度	903.57 m
隧道最大埋深	左洞		100.97 m
	右洞		95.59 m
隧道等级	中隧道	隧道分类	中跨度隧道
隧道净距	15~17 m	横断面分类	分离式隧道
地形条件	越岭隧道		
抗震设防烈度	8 度	加速度值	0.2g
工程场地分类	进口段为不利地段，区间为有利地段，出口段为一般地段		

图 7-22 保场隧道出口

2. 区域地质构造

线路所在区域位于云南山字形构造前弧与青藏滇缅歹字形构造体系东支中段复合部位，区内地质构造复杂，构造地质以经向构造为骨干构造，纬向构造长期活动，经向构造是区内比较突出的构造体系，它属于川滇经向构造体系的一部分，主要由经向构选体系的压性、压扭性断裂及小量同向褶皱曲、新生代盆地组成。

3. 气　象

隧址区属中亚热带为主体的低纬山地季风气候，雨量充沛，干湿季节分明，气候温和潮湿。多年平均降雨量 944.5 mm，雨季主要集中于 5 ~ 10 月。年平均蒸发量 1 665.1 mm，最高极值 2 010.5 mm，最低 1 405.3 mm。测区丰富的降雨量是地下水补给的主要来源，并因季节的变化，致使地下水也随季节有明显的动态变化。年平均气温 17.6 ℃。年平均最高气温 32 ℃，年平均最低气温-3.2°C，最热月份为 6 ~ 8 月，最冷月份 11 月、12 月及次年 1 月、2 月。气候垂直分带明显，处于不同海拔高度的地区差异很大。河谷地区颇为炎热，终年无霜；高山地区则较寒冷，冬末春初，常有短暂积雪。总体而言，区域气候条件对隧道建设及营运的不利影响较小。

4. 水　文

项目区地处怒江水系内，隧道所在区域处于施甸河流域。隧道山体上未见地表水体，其中进口侧赖河马村沟谷底部有一水渠，水量较大，现上游正在修筑水库拦截该股流水，现有流水水位高程远低于隧道设计高程，无补给隧道地下水的可能。

5. 地形地貌

隧道穿越区地层以志留系上统（S_3）和泥盆系上统（D_3）泥灰岩为主，属溶蚀剥蚀低中山地貌，从构造看隧道山体为一单斜山；按形态看为一圆顶山，洞口两侧为凸面坡，有利于洞口排水及坡雨稳定，山形圆缓饱满，提示岩体完整性较好。入口段坡面较缓，自然坡度 20° ~ 30°；出口段较缓，自然坡度 15° ~ 25°，地形起伏较大。

7.5.2 测点布置

通过设计资料与工程调研，隧道出口地形偏压较为严重，结合现场的施工情况，现场选取隧道出口左洞作为全寿命周期重点监测段落，在出口 100 m 段落内共布置 3 个监测断面，如表 7-3 所示。由于目前隧道为新建隧道，并不存在表观病害，以预防性监测为主，监测指标主要包括初支与二衬接触压力、二衬钢筋应力、二衬混凝土应力以及结构变形等，监测横断面如图 7-23 所示。

表 7-3 断面选取与测点数量

隧道名称	监测断面	测点数	传感器数	备注
保场隧道	ZK24+340	2	6	浅埋偏压段
	ZK24+389	5	15	
	ZK24+420	5	15	

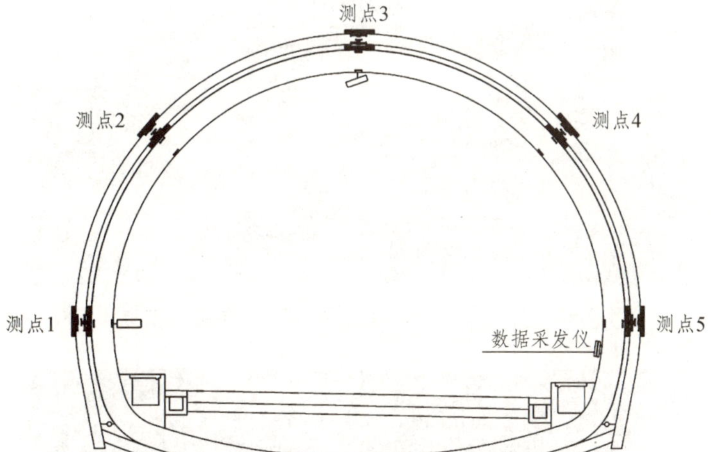

图 7-23 测点布置横断面

7.5.3 安装与测试

根据设计方案结合隧道施工状况，在隧道施工期进行了结构受力状态传感器的预埋与安装，并在隧道建设完成后进行了衬砌结构表面位移监测传感器的安装，完成了数据采集与传输模块的安装与调试工作，如图 7-24~图 7-27 所示。

图 7-24　初支与二衬接触压力传感器安装

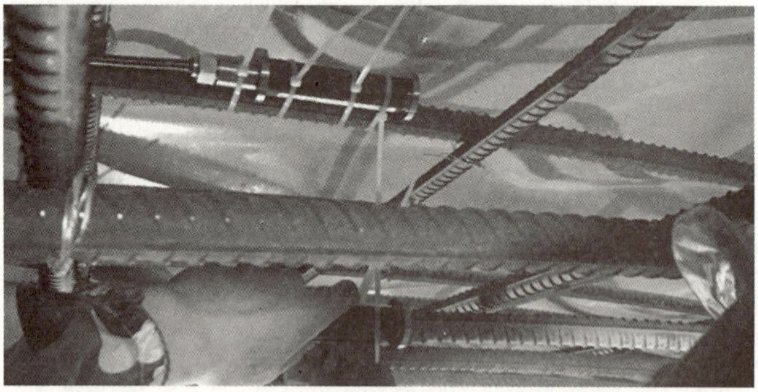

图 7-25　二次衬砌结构受力状态传感器安装

图 7-26　结构位移状态监测传感器安装

图 7-27　数据采集与传输系统安装

7.5.4　运行状态

目前该隧道结构安全监测系统已运行时间超过 8 个月，系统运行状态稳定，数据的连续性与稳定性得到了工程应用验证，如图 7-28、图 7-29 所示。

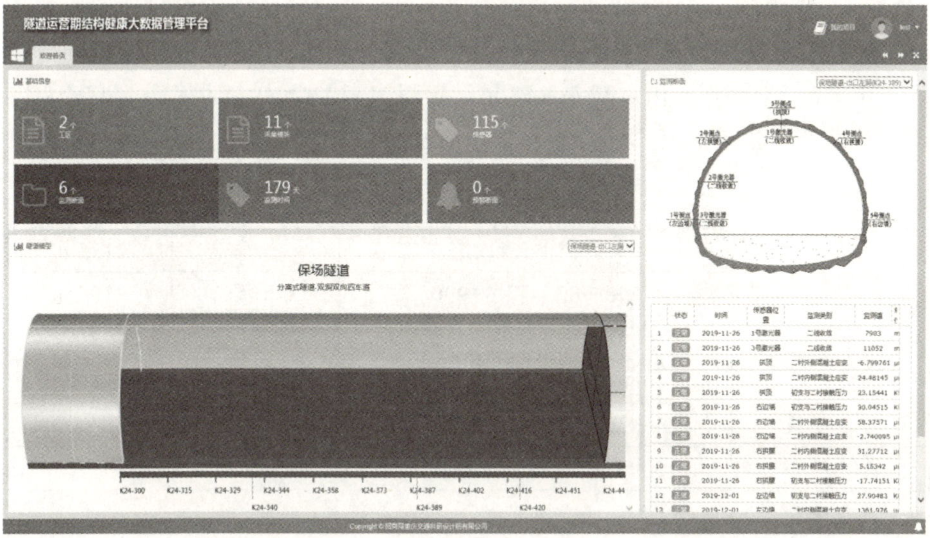

图 7-28　保场隧道监测系统运行状态

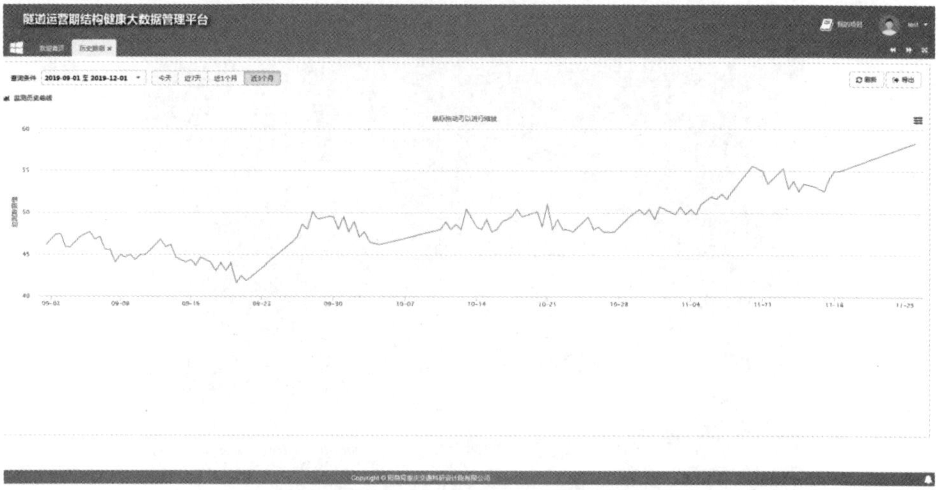

图 7-29 监测历史曲线

7.6 小官市隧道工程应用

7.6.1 工程概况

1. 基本情况

隧道距大官市村南 0.2 km，隧道设计概况如表 7-4，隧道所在区域的海拔高程 1 935~2 093 m，相对高差 158 m，属溶蚀剥蚀低中山地貌，地形较为陡峭。隧道进口如图 7-30 所示。

表 7-4 隧道设计概况

隧道起止里程	K1+830~K4+005		长度	2175 m
	ZK1+805~ZK3+990		长度	2185 m
隧道最大埋深	左洞		136.52 m	
	右洞		134.87 m	
隧道等级	中隧道	隧道分类	中跨度隧道	
隧道净距	15~17 m	横断面分类	分离式隧道	
地形条件	越岭隧道			
抗震设防烈度	8 度	加速度值	0.2 *g*	
工程场地分类	进口段为不利地段，区间为有利地段，出口段为一般地段			

图 7-30 小官市隧道进口

2. 区域地质构造

线路所在区域位于云南山字形构造前弧与青藏滇缅歹字形构造体系东支中段复合部位，区内地质构造复杂，构造地质以经向构造为骨干构造，纬向构造长期活动，经向构造是区内比较突出的构造体系，它属于川滇经向构造体系的一部分，主要由经向构选体系的压性、压扭性断裂及小量同向褶皱曲、新生代盆地组成。

3. 气　象

隧址区属中亚热带为主体的低纬山地季风气候，雨量充沛，干湿季节分明，气候温和潮湿。多年平均降雨量 944.5 mm，雨季主要集中于 5 ~ 10 月。年平均蒸发量 1 665.1 mm，最高极值 2 010.5 mm，最低 1 405.3 mm。测区丰富的降雨量是地下水补给的主要来源，并因季节的变化，致使地下水也随季节有明显的动态变化。年平均气温 17.6 ℃。年平均最高气温 32 ℃，年平均最低气温-3.2 °C，最热月份为 6 ~ 8 月，最冷月份 11 月、12 月及次年 1 月、2 月。气候垂直分带明显，处于不同海拔高度的地区差异很大。河谷地区颇为炎热，终年无霜；高山地区则较寒冷，冬末春初，常有短暂积雪。总体而言，区域气候条件对隧道建设及营运的不利影响较小。

4. 水　文

项目区地处怒江水系内，项目区 K3+200 以后处于施甸河流域，东河为怒江支流波罗河上游，自北向南流经保山盆地；施甸河发源于盆地南高山区，自南而北流经盆地，至由旺街拐锐角弯向西南流入怒江，盆地间道经人工整修取直，纵坡较小，雨季流量较大，枯季断流。

5. 地形地貌

隧道穿越区地层以泥盆系下统（D_1）灰岩、寒武系上统保山组上段（$\in_2 b^2$）灰岩为主，属溶蚀剥蚀低中山地貌，隧边山体为一圆顶山，山顶平缓浑圆，入口段坡面较缓，自然坡度 15°～30°；出口段较陡，自然坡度 25°～45°，地形起伏较大。

7.6.2　测点布置

通过设计资料与工程调研，隧道穿越断层破碎带地层，且隧道设置有紧急停车带，断面较大，结合现场的施工情况，现场选取断层破碎带地层以及紧急停车带作为全寿命周期重点监测段落，在隧道左洞断层破碎带段落内共布置 2 个监测断面，并在紧急停车带位置设置 1 个监测断面，如表 7-5 所示。由于目前隧道为新建隧道，并不存在表观病害，以预防性监测为主，监测指标主要包括初支与二衬接触压力、二衬钢筋应力、二衬混凝土应力以及结构变形等，监测横断面如图 7-31 所示。

表 7-5　断面选取与测点数量

隧道名称	监测断面	测点数	传感器数	备注
小官市隧道	ZK3+299	5	30	大断面段
	ZK3+014	5	30	断层段
	ZK2+985	5	30	

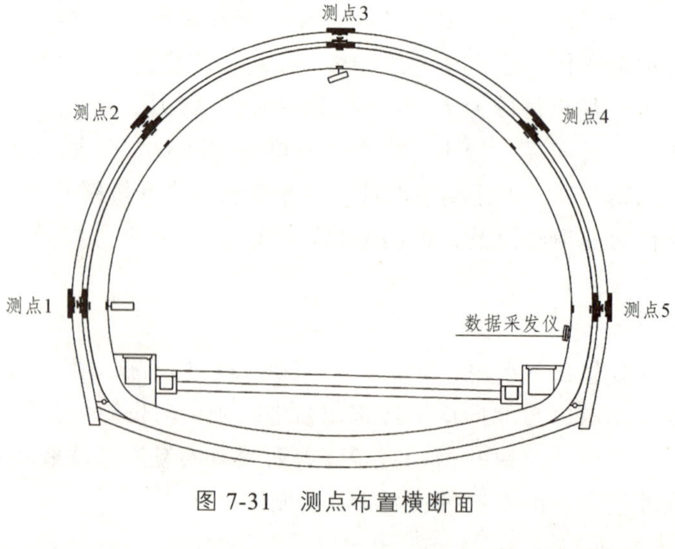

图 7-31　测点布置横断面

7.6.3 安装与测试

根据设计方案结合隧道施工状况，在隧道施工期进行了结构受力状态传感器的预埋与安装，并在隧道建设完成后进行了衬砌结构表面位移监测传感器的安装，完成了数据采集与传输模块的安装与调试工作，如图 7-32~图 7-35 所示。

图 7-32　初支受力状态传感器安装

图 7-33　二次衬砌结构受力状态传感器安装

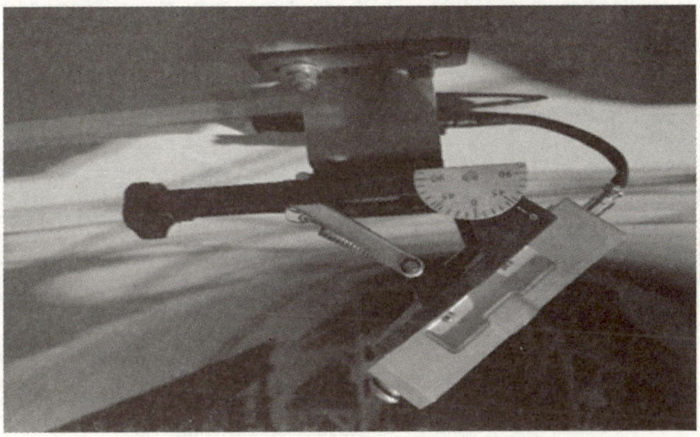

图 7-34　结构位移状态监测传感器安装

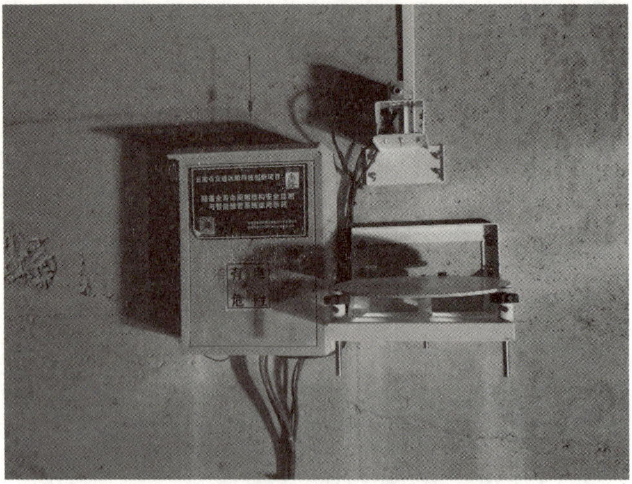

图 7-35　数据采集与传输系统安装

7.6.4　运行状态

目前该隧道结构安全监测系统已运行时间超过 8 个月，系统运行状态稳定，数据的连续性与稳定性得到了工程应用验证，如图 7~36、图 7-37 所示。

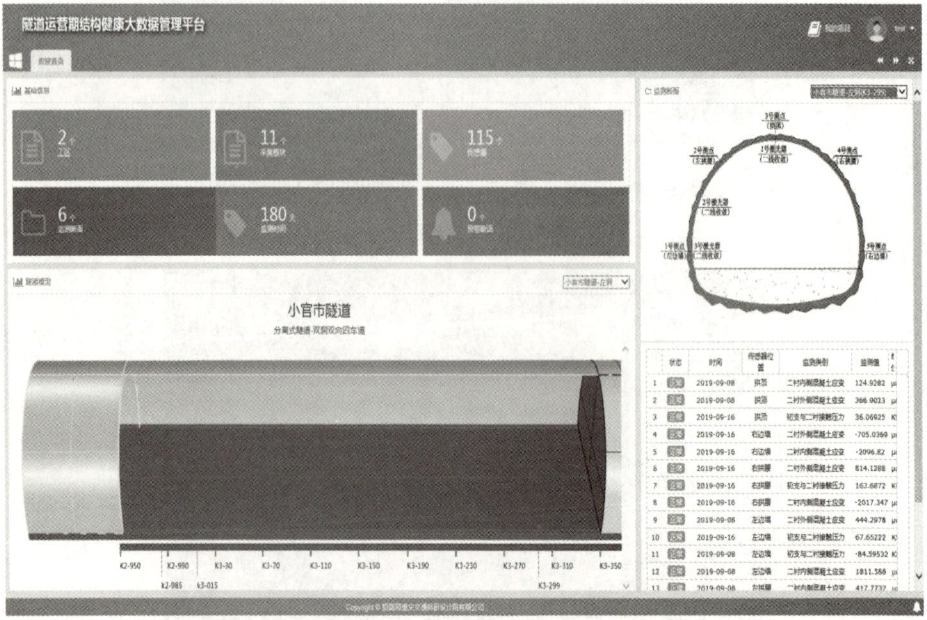

图 7-36　小官市隧道监测系统运行状态

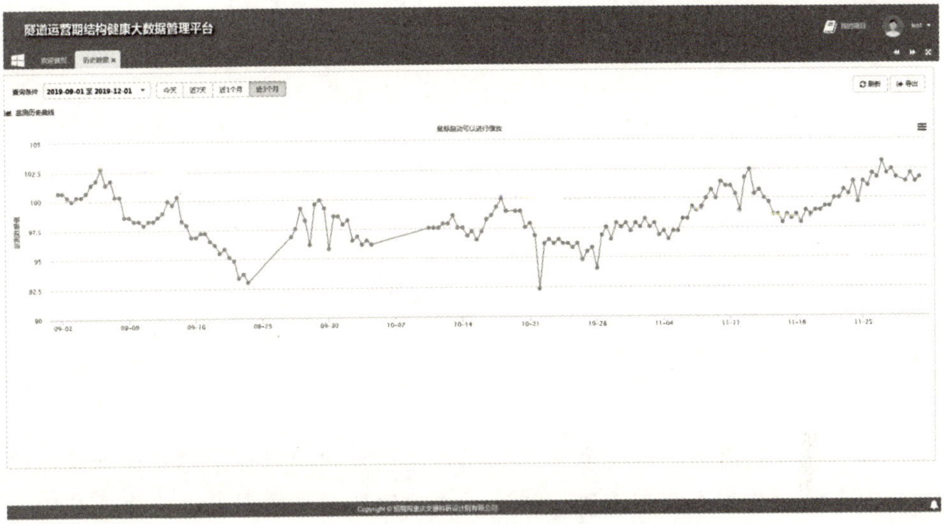

图 7-37　监测历史曲线

7.7　本章小结

本章从实际工程应用入手，设计研发了一套隧道施工运营全寿命周期的监测预警系统，系统涵盖了感、传、知、用四大层次，从传感器选型到监测预警信息的展示提出了详细的解决方法，并研发形成了完善的系统装备与软件平台，在实际工程中进行了测试与应用，应用周期已超过 8 个月，稳定性与可靠性得到了验证，具有较高的推广应用价值。

【第8章】>>>>

结论与展望

本书针对隧道施工运营全寿命周期监测预警问题展开论述，详细介绍监测技术现状、监测内容与方法、隧道无线通信技术、数据处理方法、结构安全评估以及系统平台开发与应用等，本着贴近工程实际的原则，重点阐述了以下几点：

（1）根据隧道结构的受力特点，反映隧道结构安全的关键性指标主要包括结构应力状态、结构位移状态以及结构病害状态 3 类，实际操作过程中需要根据隧道的实际情况选取合适的监测内容与指标。

（2）监测技术的发展日新月异，应根据实际需求，选择成本最优、技术参数符合或成本可接受、技术参数最佳的一种或多种技术组合的监测方案。

（3）扩频通信技术能够较好地解决隧道内的中长距离通信问题，实验结果表明，最大单向单点通信距离可达 2.8 km，随着通信技术的不断革新可能产生更好的技术解决更长的通信问题，需要紧跟时代及时更新。

（4）对于监测预警标准制定需要从结构安全评价角度出发，既需要单指标预警标准，也需要多指标综合预警标准，确保监测预警的准确性与可靠性。

（5）监测系统的设计与研发需要针对实际问题形成系统完善的解决方案，研发稳定可靠的系统产品，开发功能齐全、界面友好的软件平台。

总之，运营隧道全寿命周期的监测预警工作具有重大的实际意义，科学合理的监测工作可以迅速准确地获取隧道的结构安全发展情况，通过对这些实测数据的分析，及时迅速地向建设方及运营管理方提供分析结果，确定隧道当前健康状况及结构运营安全风险程度，以便及时地对隧道进行保养、维修或加固，为隧道运营安全保驾护航。随着技术的不断发展，未来隧道施工运营全寿命周期的结构安全监测预警必将朝着低成本、低功耗、抗干扰能力强的方向发展。

【 参考文献 】>>>>

[1] 张玉军，李治国．带裂纹隧道二次衬砌承载能力的平面有限元计算分析[J]．岩土力学，2005(08)：1201-1206.

[2] RINGOT E, BASCOUL A. About the analysis of microcracking in concrete[J]. Cement and concrete composites, 2001, 23(2): 261-266.

[3] AMMOUCHE A, RISS J, BREYSSE D, et al. Image analysis for the automated study of microcracks in concrete[J]. Cement and concrete composites, 2001, 23(2): 267-278.

[4] PARVIZ SOROUSHIAN, MOHAMED ELZAFRANEY, ALI NOSSONI. Specimen preparation and image processing and analysis techniques for automated quantification of concrete microcracks and voids[J]. Cement and concrete research, 2003, 33(12): 1949-1962.

[5] 耿飞，解建光，钱春香．图像分析技术对混凝土裂缝的定量评价[J]．混凝土，2005(05)：78-80+87-94.

[6] 关宝树．隧道工程维修管理要点集[M]．北京：人民交通出版社，2004.

[7] 关宝树．日本水工隧洞健全度的判定[J]．现代隧道技术，1993(6)：9-13.

[8] 关宝树．日本铁路隧道维修养护管理技术的现状[J]．隧道译丛，1993(6)：1-8.

[9] 曹少飞．桥梁结构试验检测应变和挠度测量新方法研究[D]．西安：长安大学，2007.

[10] 王立峰，卢成江．土木工程结构试验与检测技术[M]．北京：科学出版社，2010.

[11] 黄玉莎．电阻应变式传感器的原理[J]．科技风，2013(14)：27+30.

[12] 史洪宾，吴金昌，章晶．印制电路板应变测量用应变片选用方法研究[J].

印制电路信息, 2009(09): 30-35.

[13] 董伟. 电阻应变片粘贴技巧[J]. 山西建筑, 2011, 37(28): 46-48.

[14] 乔俊. 电阻应变片的粘贴方法浅论[J]. 科技创业家, 2013(21): 119+160.

[15] 戴娟, 汪大鹏, 陈蕾, 等. 电测应力实验中应变片的粘贴技巧[J]. 湖南工程学院学报(自然科学版), 2003(03): 55-57.

[16] 魏斌, 杜彦良. 光纤传感器在桥梁结构中的应用展望[J]. 国防交通工程与技术, 2004(01): 8-11.

[17] 葛晓静, 聂帅华. 光纤传感器的原理及应用[J]. 电脑与电信, 2011(07): 68-70.

[18] 王熙熙. 光纤传感技术在铁路边坡锚固监测中的研究[D]. 武汉: 武汉理工大学, 2012.

[19] 刘胜春. 光纤光栅智能材料与桥梁健康监测系统研究[D]. 武汉: 武汉理工大学, 2006.

[20] 刘德煜. 用于应变测量的光纤传感器[J]. 桥梁建设, 2003(02): 70-72+77.

[21] 胡志伟, 朱明达. 光纤传感技术在桥梁检测中的应用[J]. 交通标准化, 2008(08): 125-127.

[22] 刘山洪, 魏建东, 钱永久. 光纤传感器在桥梁监控中的应用分析[J]. 重庆交通学院学报, 2005(03): 4-7.

[23] 张心斌, 纪强, 张莉. 振弦式应变传感器特性研究[J]. 传感器世界, 2003(08): 19-21+13.

[24] 郑宇翔. 基于应变传感器的无线测量系统的设计与实现[D]. 哈尔滨: 哈尔滨工业大学, 2007.

[25] 罗东. 振弦式传感器在结构应力动态测试中的可行性研究[D]. 武汉: 武汉理工大学, 2011.

[26] 田环宇. 基于振弦式传感器的压力检测系统的研究与设计[D]. 成都: 西南交通大学, 2011.

[27] 邓铁六, 赵胜利, 赵振远, 等. 高准确度振弦式传感器研究[J]. 山东科技大学学报(自然科学版), 2010, 29(01): 52-57.

[28] 李炳生, 李斌, 曹文清. 电阻应变式传感器在结构试验中的应用新技术[J]. 结构工程师, 2011, 27(S1): 255-259.

[29] 罗昊, 陈宇波, 何刚, 等. 西南地区山岭隧道自动化变形监测技术的效益分析[J]. 隧道建设(中英文), 2019, 39(08): 1277-1283.

[30] 赵勇, 王敏, 高文旗, 等. 分布式光纤传感新技术在盾构隧道结构变形监测中的应用[J]. 公路, 2017, 62(07): 326-329.

[31] 李宗平, 张永涛, 杨钊, 等. 三维激光扫描技术在隧道变形与断面检测中的应用研究[J]. 隧道建设, 2017, 37(03): 336-341.

[32] 潘国荣, 李伟. 多台测量机器人在地铁隧道自动化监测中的开发与应用[J]. 山东科技大学学报(自然科学版), 2015, 34(02): 79-85.

[33] 程姝菲, 黄宏伟. 盾构隧道长期渗漏水检测新方法[J]. 地下空间与工程学报, 2014, 10(03): 733-738.

[34] 姚进强. 隧道式锚碇结构位移监测方法及系统研究[D]. 重庆: 重庆交通大学, 2016.

[35] 窦建方. 视频图像处理中的关键技术研究[D]. 上海: 上海交通大学, 2014.

[36] 王小凯, 朱小文. 计量检定中 3 种判别和剔除异常值的统计方法[J]. 中国测试, 2018, 44(S1): 41-44.

[37] 陶家祥, 熊红阳, 胡波. 论大坝安全监测数据异常值的判断方法[J]. 三峡大学学报(自然科学版), 2016, 38(06): 15-17+41.

[38] 魏治文, 程琳, 来记桃, 等. 几种异常值判别准则在安全监测数据处理中的应用[J]. 大坝与安全, 2009(01): 67-69+84.

[39] 张立伟. 用数理统计的方法处理试验数据的异常值[J]. 电线电缆, 2005(04): 46-48.

[40] 马立平. 回归分析[M]. 北京: 机械工业出版社, 2014.

[41] 道格拉斯 C. 蒙哥马利, 伊丽莎白 A. 派克, G. 杰弗里 · 瓦伊宁. 线性回归分析导论[M]. 王辰勇, 译. 北京: 机械工业出版社, 2016.

[42] 赵顺良. 公路隧道运营安全的区间模糊综合评价方法[D]. 重庆: 重庆交通大学, 2015: 38-39.

[43] 石峰. 基于粗糙集和灰色模糊理论的公路隧道结构病害评价方法及应用研究[D]. 成都: 西南交通大学, 2015: 12-18.

[44] 刘洋. 运营隧道结构健康安全评价[D]. 武汉：华中科技大学，2015: 9-17.

[45] 周绍文. 基于可变模糊集理论的公路隧道衬砌结构健康状况评价方法[D]. 西安：长安大学, 2015: 32-42.

[46] 朱思. 隧道衬砌结构耐久性评估与寿命预测[D]. 兰州：兰州理工大学，2013: 25-27.

[47] 易耀林，刘松玉，童立元. 基于 BP 神经网络的隧道周边位移安全监测模型[J]. 路基工程, 2007(05): 92-94.

[48] 刘宏伟，朱斌，高琼芷. 隧道监控系统对隧道运营安全的作用[J]. 公路交通科技(应用技术版), 2012(3): 229-231.

[49] 赵波. 综合监控 安全节能——2008 中国高速公路隧道监控与运营管理技术研讨会侧记[J]. 中国交通信息化, 2008(12): 27-29.

[50] 叶飞，丁文其，熊冬才，等. 公路隧道下穿已运营铁路隧道施工及安全监控[J]. 现代隧道技术, 2006, 43(3): 31-34+41.

[51] 刘霁，李祥，王宇轩. 运营公路隧道安全性综合评价指标体系的探讨[J]. 北方交通, 2013(5): 87-90.

[52] 石峰. 基于粗糙集和灰色模糊理论的公路隧道结构病害评价方法及应用研究[D]. 成都：西南交通大学, 2018.

[53] 李世强. 重庆涪丰石高速方斗山隧道病害处治方案研究[D]. 西安：长安大学, 2018.

[54] 王心刚. 运营公路隧道常见结构病害成因分析及施工控制建议[J]. 公路交通科技(应用技术版), 2017(09): 51-52.

[55] 周绍文. 基于可变模糊集理论的公路隧道衬砌结构健康状况评价方法[D]. 西安：长安大学, 2015.

[56] 蔡鹏超. 北京地铁运营隧道衬砌病害分类及其安全状态分级研究[D]. 北京：北京交通大学, 2017.

[57] 戴显著. 工具式应变传感器在桥梁检测中的应用研究[D]. 重庆：重庆交通大学, 2015.

[58] 罗鑫. 公路隧道健康状态诊断方法及系统的研究[D]. 上海：同济大学，2007.

[59] 冯晓燕. 隧道病害分级和衬砌裂损整治技术研究[D]. 北京: 北方交通大学, 2002.

[60] 李治国, 张玉军. 衬砌开裂隧道的稳定性分析及治理技术[J]. 现代隧道技术. 2004, 41(1): 26 ~ 31, 40.

[61] 高鹤江, 刘修炜. 铁路桥隧病害检查观测方法[M]. 北京: 中国铁道出版社, 1987.

[62] 杨新安, 黄宏伟. 隧道病害与防治[M]. 上海: 同济大学出版社, 2003.

[63] 关宝树. 隧道工程维修管理要点集[M]. 北京: 人民交通出版社, 2004.